先秦儒家礼育思想研究

——基于当代大学生礼仪教育的思考

王长恒　张铁柱◎著

齊魯書社
·济南·

图书在版编目（CIP）数据

先秦儒家礼育思想研究：基于当代大学生礼仪教育的思考 / 王长恒，张铁柱著. -- 济南：齐鲁书社，2022.11
ISBN 978-7-5333-4637-9

Ⅰ. ①先… Ⅱ. ①王… ②张… Ⅲ. ①儒家－礼仪－教育思想－研究－中国－先秦时代 Ⅳ. ①K892.9 ②B222.05

中国版本图书馆CIP数据核字(2022)第209878号

责任编辑：张敏敏
责任校对：赵自环　王其宝
装帧设计：亓旭欣

先秦儒家礼育思想研究——基于当代大学生礼仪教育的思考
XIANQIN RUJIA LIYU SIXIANG YANJIU JIYU DANGDAI DAXUESHENG LIYI JIAOYU DE SIKAO
王长恒　张铁柱　著

主管单位	山东出版传媒股份有限公司
出版发行	齊魯書社
社　　址	济南市市中区舜耕路517号
邮　　编	250003
网　　址	www.qlss.com.cn
电子邮箱	qilupress@126.com
营销中心	（0531）82098521　82098519　82098517
印　　刷	山东临沂新华印刷物流集团有限责任公司
开　　本	720mm × 1020mm　1/16
印　　张	11.75
插　　页	3
字　　数	195千
版　　次	2022年11月第1版
印　　次	2022年11月第1次印刷
标准书号	ISBN 978-7-5333-4637-9
定　　价	58.00元

目 录

绪 论

第一节 研究缘由与研究意义

一、研究缘由

中国是传统的礼仪之邦，但今日国人的礼仪素养仍有待提升。不遵守公共秩序、诚信缺失、道德冷漠等问题仍然存在。大学生作为中国特色社会主义事业的接班人，他们的礼仪素养尤为重要。作为一名大学教师，接触最频繁的群体是大学生。笔者在日常的工作与生活中，发现有些大学生上课穿拖鞋、进办公室不敲门、遇到老师不问好、打电话语气生硬……对于这些“失礼”现象，我们应当注意。礼仪是一个人文明素养的重要体现，是衡量一个社会文明程度的重要标志。当代大学生在不久的将来必然要承担起为实现中华民族伟大复兴的中国梦而努力奋斗的重任。中国梦的实现不仅要靠经济、军事等硬实力的发展，更要靠文化、价值观等软实力的支撑，而礼仪恰恰是展示这些软实力的重要载体。笔者之所以基于大学生礼仪教育的思考研究先秦儒家礼育思想，主要是出于以下几点考虑。

（一）礼是中国传统社会重要的德育载体

礼是中华传统文化的重要内容，相应的关于礼制、礼仪、礼义等方面的教育也就成为中国古代教育的重要内容。先秦儒家的礼育思想及其实践在中华民族发展史上具有重要地位，对“仁义爱敬、谦和好礼”的民族性格的形成、我国礼仪之邦形象的确立都起到了巨大的作用。先秦儒家礼育思想中的礼义精华是伟大中华民族的智慧结晶，是一份极为宝贵的精神财富，是当代大学生思想政治教育的重要资源。当前大学生思想政治教育仍然存在以说教为主、解释不到位、空喊口号、流于形式等现象，究其原因，就是缺乏能够承载思想政治教育的有效载体。礼仪教育能够将内在的道德情操培育融入外在的行为规范培养中，在引导学生如何说话、穿衣、做事的日常事务中，实现“知、情、信、意、行”的有机结合。大学生礼仪教育能够有效提升大学生的爱国情感、敬业精神、诚信品格和友善品质，是践行社会主义核心价值观的有效载体。挖掘礼的思想政治教育价值有利于为解决当代大学生思想政治教育中存在的实际问题提供思路。

（二）先秦礼学是中国传统礼学的母体

礼源于远古时期的祭祀仪式。经过周公制礼作乐，礼开始具有突出的道德属性。孔子引仁入礼，使礼实现了学术化。战国时期的儒家后学从不同角度对孔子创立的礼学做出了新的发展。子思、孟子强调礼学的心性基础，进一步发展了礼的道德属性。荀子则进一步对礼的起源、本质、作用等做了详细论述，并以法释礼，强调礼的外在规范性。可以说，自周公创设礼制、孔子开创礼学以来，礼就是中国传统教育的重要内容，先秦儒家无疑是整个中国传统礼育的源头。因此，要继承传统礼文化的精髓，我们必须回到源头，深入挖掘先秦儒家礼育思想，考察先秦儒家礼育思想的精髓。经过先秦儒者的不断努力，萌芽于远古、创始于周公、形成于孔子、发展于孟荀的中国传统礼学形成了一个相对完整的理论体系，对中国学术史与思想史产生了重要影响。儒家经典著作大都诞生于这一时期，从其后两千余年的发展历史来看，后世礼学不过是在先秦礼学确定的大方向上，对这些经典的深入细化、继续发展而已。礼学在先秦即已实现关键性变革，由秦汉迄于清代，皆循其轨而渐有发展，终未脱其规范。[①] 儒家的礼育思想与礼学相伴共生，因此，

---

① 田君：《论礼学脉络与礼学史分期》，《孔子研究》2016 年第 3 期。

本书将对儒家礼育思想的研究限定为先秦时期。当然，由于历史和时代的局限性，先秦儒家的礼育思想同样会不可避免地带有落后性与保守性，这是我们必须要注意甄别并加以摒弃的。如何挖掘、传承传统礼文化的精髓，实现传统礼文化的创造性转化和创新性发展，需要我们深入研究。我们应当运用辩证唯物主义和历史唯物主义的方法，对先秦儒家礼育思想进行科学、客观、历史、全面的分析，发掘其现代价值，做到古为今用。

（三）礼仪教育是中华传统文化教育的重要内容

党的十八大以来，党中央对传承和弘扬中华优秀传统文化更加重视。习近平总书记指出："中华优秀传统文化是我们最深厚的文化软实力。"2014 年 3 月，教育部印发《完善中华优秀传统文化教育指导纲要》，提出要加强中华优秀传统文化教育，落实立德树人根本任务，把中华优秀传统文化教育系统融入课程和教材体系。2017 年 1 月，中共中央办公厅、国务院办公厅印发《关于实施中华优秀传统文化传承发展工程的意见》，更是直接提出要"加强国民礼仪教育。加大对国家重要礼仪的普及教育与宣传力度，在国家重大节庆活动中体现仪式感、庄重感、荣誉感，彰显中华传统礼仪文化的时代价值，树立文明古国、礼仪之邦的良好形象"。由此可以看出，在大学生群体中开展礼仪教育是传承和弘扬中华优秀传统文化的必然要求。

（四）当代大学生礼仪素养有待提升，礼仪教育亟待加强

党的十七大提出要加强物质文明、政治文明、精神文明、社会文明、生态文明建设；党的十八大则把生态文明建设提到与经济建设、政治建设、文化建设、社会建设并列的位置，使中国特色社会主义事业总体布局成为"五位一体"。无论是"五个文明"建设还是"五位一体"总体布局，最终都要落脚到人的文明上。大学生是未来中国特色社会主义伟大事业建设的主力军，他们的文明程度高低将直接影响中国特色社会主义伟大事业的成败。让大学生接受良好的礼仪教育，提升他们的文明素养和道德水平是实现高校立德树人根本任务的必然要求。但从现实情况来看，有些大学生的礼仪素养不

容乐观，目前大学生礼仪教育还存在重视程度不高、课程体系不够完善、育人功能发挥不充分等问题，亟待进一步解决。

二、研究意义

大学生礼仪教育的终极目标是培养符合中国特色社会主义发展需要的全面发展的人。基于当代大学生礼仪教育的思考对先秦儒家礼育思想进行研究，既有利于传承和弘扬中华优秀传统文化，又有利于解决当前大学生培养面临的实际问题，具有一定的理论价值和重要的实践意义。

（一）理论价值

1. 为解决大学生礼仪教育相关问题提供理论参考和解决方案

学界对大学生礼仪教育进行研究的成果非常多，但大多是对大学生进行礼仪教育的意义、存在的问题和解决方法方面的，对“什么是大学生礼仪教育”“大学生礼仪教育的目标是什么”缺乏系统深入的研究。本书尝试对这两个问题给出答案，同时通过网络问卷调查的方式，从师生对比的角度对大学生礼仪教育进行调研，梳理大学生礼仪教育存在的问题，并从继承和发扬先秦儒家礼育思想的角度提出解决思路。

2. 对先秦儒家礼育思想进行系统梳理

学界对中华传统礼文化的研究大多从礼本身着手，而对中国传统社会如何开展礼仪教育的系统研究则比较匮乏。本书从中国礼育的源头——先秦儒家礼育思想入手，对先秦儒家礼育思想的主要特征、教育理念、教育方法和教育路径等进行系统梳理。

3. 为先秦儒家礼育思想在大学生礼仪教育中的创造性转化和创新性发展提供有益探索

在涉及中华优秀传统文化与现代问题相结合的研究中，如何实现中华优秀传统文化在当代的创造性转化和创新性发展是共同的难题。本书从当代大学生礼仪教育对先秦儒家礼育思想的理念传承、方法借鉴、路径创新等角度，对先秦儒家礼育思想在大学生礼仪教育中的创造性转化和创新性发展问题进行研究，以期为解决大学生礼仪教育中存在的问题提供有效思路。

（二）实践意义

1. 能够为大学生践行社会主义核心价值观提供有效路径

中华优秀传统文化是社会主义核心价值观的文化基础和重要源泉，脱离文化传统的价值观是没有生命力可言的。礼是中国传统社会在不断发展过程中形成的社会成员自觉遵守的行为准则和道德规范的总称，是维护国家稳定、社会和谐的重要手段，在中国社会各阶层中有着高度的认同感。中国传统社会的礼育思想所包含的仁、和、敬、谦、信、义等内在精神恰恰是社会主义核心价值观在社会层面的具体体现，具有突出的教化性、规范性、实践性和日常性。其突出的教化性有利于其引领正确的价值方向，规范性更便于操作，实践性有利于其融入大众生活，日常性能够使其常用不辍，这就为大学生践行社会主义核心价值观提供了有效路径。

2. 能够在大学生中传承和弘扬中华优秀传统文化

中共中央办公厅、国务院办公厅于 2017 年印发的《关于实施中华优秀传统文化传承发展工程的意见》指出，实施中华优秀传统文化传承发展工程是建设社会主义文化强国的重大战略任务，要把中华优秀传统文化全方位融入思想道德教育、文化知识教育、艺术体育教育、社会实践教育各环节，贯穿于启蒙教育、基础教育、职业教育、高等教育、继续教育各领域。礼是中华传统文化的基础，在中华传统文化中发挥着不可或缺的基础作用，是传统社会正常运转的调节器，是中华文化区别于西方文化的重要标志，是中国人的生存方式，是中华民族生命力和凝聚力的源泉之一。[①] 礼在民族精神和社会政治中的作用有着独特的、极其重大的文化意义。因此从某种意义上可以说，儒家所倡导的礼是中华传统文化的重要特征和核心之一。[②] 离开了礼，中华传统文化尤其是儒家文化也就失去了内核与依托。大学生传承和弘扬中

① 张自慧：《礼文化与致和之道》，上海人民出版社 2012 年版，第 9 页。

② 丁鼎：《“礼”与中国传统文化范式》，《齐鲁学刊》2007 年第 4 期。

华优秀传统文化就必须正视礼的传承和发展，实现先秦儒家礼育思想在大学生礼育中的创造性转化和创新性发展，是实现中华优秀传统文化创造性转化和创新性发展的有效载体和必要前提。

3. 能够增强大学生思想政治教育的实效性

礼是日常生活中随处可见的行为准则和道德规范，对大学生而言，易于理解和践行。中国传统礼育思想本身就蕴含着丰富的思想政治教育资源，“礼之用，和为贵”（《论语·学而》），“凡人之所以为人者，礼义也”（《礼记·冠义》），“道德仁义，非礼不成；教训正俗，非礼不备；分争辨讼，非礼不决……是以君子恭敬、撙节、退让以明礼”（《礼记·曲礼上》），这些论述无一不是在教人立德。在人成长的关键点上，中国传统礼育寓教于礼，通过礼仪来进行人生教育。比如，在男子满二十岁时要举行成人礼，教育孩子从此要担负起家庭和社会的责任；在孩子结婚时要举行婚礼，让新婚夫妇懂得“合二姓之好”的道理；亲人去世要举行丧、祭之礼，以感念先人，慎终追远。中国传统礼育思想将思想政治教育融入生活的每个层面，便于操作，易于接受，能够使人在学习和践行礼的过程中涵养德性、提升气质①，从内容、方法、途径等多个方面为增强大学生思想政治教育的实效性提供了有益参考。

4. 能够有效提升大学生的文明素养

2001 年，中共中央印发的《公民道德建设实施纲要》就提出要引导公民增强礼仪、礼节、礼貌意识，不断提高自身道德修养。礼育不仅是学习规章制度、舞乐礼节等，更多的是通过学习形成一种仁爱和谐的品格。先秦儒家认为明礼守礼之人具有良好的道德修养和优雅的行为举止，具有行止有度、和而不同的高贵品质。“道之以德，齐之以礼，有耻且格。”（《论语·为政》）“君子博学于文，约之以礼，亦可以弗畔矣夫！”（《论语·雍也》）

---

① 彭林等主编：《礼乐 01：大学之道》，金城出版社 2013 年版，第 80 页。

“孝子之有深爱者必有和气，有和气者必有愉色，有愉色者必有婉容。”(《礼记·祭义》)从以上论述可以看出，礼是一种发乎内、显乎外的修养气质。先秦儒家礼育思想为提升大学生的文明素养、道德情操提供了有效途径。批判性地继承先秦儒家礼育思想，既有利于塑造大学生知书达理、健康向上的良好形象，又有利于引导他们将明礼守礼内化为精神品质，从而促进其提升文明素养。

第二节 相关研究综述

一、国内研究综述

（一）对大学生礼仪教育的研究

1. 大学生礼仪教育现状研究

20世纪80年代以来，介绍各种礼仪的书籍层出不穷，其中既有对中西方礼仪文化的介绍，也有从社会学、心理学、伦理学视角对礼仪进行解读的。这些研究成果丰富可观，多方面、全方位地展现了当前礼仪研究的成果。其中涉及大学生礼仪教育的教材不下百种，影响较大的有：金正昆编著的《大学生礼仪》《社交礼仪》《外事礼仪》等礼仪系列教材，韩旭主编的普通高等教育“十一五”规划教材《大学生礼仪》，邓雪妍主编的全国高等职业教育规划教材《大学生礼仪规范》，中国高等教育学会组织编写的普通高等教育“十二五”应用型本科规划教材·公共基础与素质教育系列之《大学生涉外礼仪》，等等。但这些教材多注重对各类礼仪实务和礼仪规范的介绍，而对礼仪教育的目标等论述较少，对相应的礼仪文化尤其是中华传统礼仪文化介绍不足。

关于大学生礼仪教育的期刊论文，集中将研究聚焦在礼仪教育的直接体现者——大学生的礼仪素养上。研究者普遍认为当前大学生礼仪教育是存在问题的，范世清①、罗晓林②、黄美琼③、王文丽④、侯泰国⑤，以及张宁、钟福维、肖裕健⑥等通过问卷调查的方式对大学生礼仪素养进行了研究。他们认为当前大学生的礼仪素养现状并不乐观，存在礼仪知识欠缺、礼仪意识淡薄、礼仪行为失范等问题。对于大学生礼仪素养缺失的原因，研究者普遍认为包括传统文化的断裂、对西方文化的盲目崇拜、市场经济的冲击、学校礼仪教育的缺失、家庭教育的缺位、大学生个人意识的不足等。他们建议通过继承和发扬中华传统礼仪文化精髓、优化礼仪课程设置、加强校园文化建设、发挥教师的榜样作用、创造良好的社会环境、加强大学生自我教育等途径提升大学生的礼仪素养。林莉认为，当前大学生礼仪教育缺失的原因包括独生子女一代特殊的成长环境、应试教育导致的学校礼仪教育缺失、市场经济的消极因素导致的传统礼仪文化认同缺失、西方文化冲击导致的中华传统礼仪文化的传承缺失等。⑦ 高媛媛、郭淑新从社会学的视角对大学生礼仪教育进行了研究。她们认为大学生礼仪教育的本质是让学生拥有成“人”的基础，从内心建立德性的根基；指出当前大学生礼仪教育的问题主要有角色认

---

① 范世清：《宁波市大学生礼仪素养现状调研与分析——基于宁波市五所高校的问卷调查》，《浙江万里学院学报》2009 年第 4 期。

② 罗晓林：《大学生礼仪素质状况的调查与思考》，《长沙铁道学院学报（社会科学版）》2010 年第 4 期。

③ 黄美琼：《新时期大学生礼仪素质现状调查及对策——以集美大学为例》，《集美大学学报》2013 年第 4 期。

④ 王文丽：《南京市大学生礼仪素养现状调研与分析》，《职业时空》2015 年第 9 期。

⑤ 侯泰国：《大学生礼仪素养现状、问题及策略研究——以甘肃省×大学为例》，西北师范大学 2014 年硕士学位论文。

⑥ 张宁、钟福维、肖裕健：《大学生礼仪素养现状与培养模式的调查研究》，《河北青年管理干部学院学报》2015 年第 5 期。

⑦ 林莉：《当代大学生礼仪教育的困境与对策研究》，《西南民族大学学报（人文社会科学版）》2014 年第 8 期。

知不清、角色地位局限和互动场域缺失等，从社会学的角度分析，出现这些问题的原因是礼仪教育日趋“功利性”、需求的“差异性”、消退的“情感性”和消失的“空间性”，因此加强大学生礼仪教育要寻求礼仪文化新的时代内涵、普及礼仪知识、追溯礼仪的情感特质、创设稳固的教育环境等。① 王贺兰在论文中对当代青少年礼仪教育做了系统研究和深入反思，认为我国存在青少年礼仪教育长期缺位的情况，存在青少年礼仪教育理念不清导致的实践混乱、社会支持不够导致的发展乏力等问题，要构建当代中国青少年礼仪教育体系需要借鉴国内外的成功经验，明确青少年礼仪教育的功能和定位，设定科学的目标体系和内容体系，从青少年的身心成长规律和教育发展规律出发，构建学校、家庭、社会、网络“四位一体”的实施体系。②

2. 大学生仪式教育研究

仪式教育是礼育的重要内容。大学生仪式教育同样是大学生礼仪教育的重要内容。学界对大学生仪式教育的研究成果较少。笔者在进行研究时，仅搜集到 10 余篇相关硕士学位论文和 3 篇博士学位论文。研究者从必要性、存在的问题、现代价值等方面对大学生仪式教育进行了研究。邱叶通过分析仪式的文化特征，认为高校校园文化中的仪式具有交流沟通、情感聚合、文化认同的功能，能够升华人的情感、增强集体意识，有利于学生形成文化认同、完成社会化进程。③ 张家军、陈玲认为，学校仪式具有价值渗透、行为规约、情感凝聚、文化折射的价值功能，但存在一些问题（如：形式化泛滥，教育意蕴淡薄；教育出现简单化倾向，随意性强，规范程度不足；工具化严重，情感体验缺失；同质化严峻，个性特色缺乏等）。他们认为应深化

---

① 高媛媛、郭淑新：《社会学视角下的大学礼仪教育新探》，《江淮论坛》2015 年第 2 期。

② 王贺兰：《当代中国青少年礼仪教育的反思与建构》，河北师范大学 2010 年博士学位论文。

③ 邱叶：《高校校园文化中的仪式教育研究》，《教育探索》2014 年第 1 期。

文化内涵，提升教育意蕴；做好活动规划，提高行为规范；尊重学生的主体地位，丰富学生的情感体验；注重创新性等，进而发挥学校仪式教育的作用。① 李宏伟认为，学校的仪式教育要在场域、程序、道义、体验这四个基本方面遵循仪式活动的本质要求。场域是仪式的载体，程序是仪式的呈现，道义是仪式的灵魂，体验是仪式的升华，四个要素相互融合，共同激发参与者的情感，促进其形成心理、文化认同。② 还有部分学者对开学典礼、毕业典礼、成人礼、学位授予仪式等具体仪式做了研究，在此不再一一介绍。

3. 大学生礼仪教育与思想政治教育关系研究

受中华传统礼文化的影响，很多研究者认为礼仪教育是提升人们道德品质和文明素养的重要途径，因此大学生礼仪教育与思想政治教育的关系也成为大学生礼仪教育研究的一个重要方面。袁林鹏认为礼是中华民族的传统美德，对大学生进行礼仪教育是思想政治教育的切入点，但目前高校礼仪教育处于德育的边缘地带：一是礼仪教育还处于德育的盲区，二是高校课程体系中缺乏相应的礼仪教育。③ 沈河清认为学校开展德育应重视礼仪教育，礼仪教育是德育的重要组成部分，有利于提高学生的思想道德素质、社会适应能力，开展礼仪教育是高校开展德育的重要途径，因此学校应从开设礼仪课程、规范礼仪教育内容、制定礼仪常规、重视操作训练、营造良好氛围等方面开展礼仪教育。④ 李清湘从高校德育的视角对大学生礼仪教育进行了探讨，对高校礼育的目标、原则、方法和措施做了研究，认为礼育是规范大学生行

---

① 张家军、陈玲：《学校仪式教育的价值迷失与回归》，《中国教育学刊》2016 年第 2 期。

② 李宏伟：《仪式教育要彰显仪式特性》，《教育科学研究》2017 年第 1 期。

③ 袁林鹏：《礼仪教育：高校思想政治工作的切入点》，《当代青年研究》2009 年第 1 期。

④ 沈河清：《学校德育应重视礼仪教育》，《中国教育学刊》2008 年第 6 期。

为方式、培育大学生价值观念的重要手段。① 侯伟、贾龙、秦拓认为文明礼仪教育是大学生思想政治教育的起点，在大学生中加强文明礼仪教育有利于培养大学生的民族自信心、提高其自身修养、改善其人际关系、塑造其良好的个人形象、提升其道德素质，有利于营造健康文明的校园环境。在大学生中加强文明礼仪教育要倡导现代礼仪教育理念、建立健全礼仪道德规范制度、建立“内塑”效应教学体系、开展文明实践活动等。② 林春从高校思想政治教育课的视角对大学生礼仪教育进行了研究。他认为礼仪教育应该成为高校思想政治教育课的教学内容，这既是思想政治教育课程体系建设的需要，也是提升大学生思想品德修养的需要，能够有效解决当前思想政治教育课存在的从理论到理论、缺乏实践性和体验性的问题。③

（二）对先秦儒家礼育思想的研究

1. 礼育研究

礼育，顾名思义，就是礼的教育。自孔子开创礼学以来，礼逐渐成为中华文化的重要内容，随之产生了丰富的儒家礼育思想。在中国传统礼学的传承、发展中，教育发挥了至关重要的作用，可以说没有礼的教育就没有中国的礼文化，但遗憾的是，就目前的研究现状来看，直接研究儒家礼育思想的成果并不多。笔者写作时，在中国知网上能够查到的以“儒家礼育”为主题的文章仅有 5 篇，分别是：《孔子“礼育”思想引论》（赖换初，《云梦学刊》2002 年第 6 期）、《儒家“礼育”的主要内容及现代意义》（赖换初，《云梦学刊》2003 年第 6 期）、《儒家礼育思想及其现代价值》（赖换初，《求索》2004 年第 2 期）、《礼育：儒家核心价值的一种体现》（宁西林、史

---

① 李清湘：《礼育：高校德育的新课题》，南京师范大学 2006 年硕士学位论文。

② 侯伟、贾龙、秦拓：《文明礼仪教育是大学生思想政治教育的起点》，《山东教育学院学报》2009 年第 4 期。

③ 林春：《高校思想政治教育课引入礼仪文化教育探析》，《内蒙古师范大学学报（教育科学版）》2012 年第 11 期。

杰，《兰台世界》2012 年第 15 期）、《大学生礼育研究——基于儒家礼育思想的视角》（王长恒，《管子学刊》2016 年第 3 期）；以“儒家礼育”为题名的博士学位论文暂时没有，硕士学位论文有 1 篇：《先秦儒家礼育与现代德育研究》（彭菊玲，武汉理工大学 2006 年硕士学位论文）。以“儒家礼育”为题名的著作有 1 部：《儒家礼育思想研究》（赖换初，中南大学出版社 2004 年版）。其中，赖换初对儒家礼育思想进行了系统研究。他认为儒家礼育就是关于礼的制度、规范和价值观念的多层面、全方位的一种教育思想与教育体系。[①] 在《儒家礼育思想研究》这部著作中，赖换初对儒家礼育思想的主要内容、特点、本质、功能、原则、方法、载体及其机制做了论述，并分别对孔子和荀子的礼育思想进行了研究，最后从有助于社会主义政治文明、精神文明建设的角度指出了儒家礼育思想的现代价值，从制定合乎我国国情的新型礼育制度或体系方面提出了其构建现代礼育体系的设想。宁西林、史杰认为儒家礼育是关于礼的制度、仪式和价值观的一种教育体系，它的核心追求是稳定社会秩序，核心境界是和谐，核心价值是变革性和延展性。[②] 彭菊玲在论文中对儒家礼育的定义没有实质性进展，对孔子、孟子、荀子的礼学思想做了梳理，对礼育与德育的关系做了探讨，并提出了明礼—识礼—行礼的现代德育路径。

由此可以看出，目前学界对儒家礼育的研究成果较少，而对先秦儒家礼育思想进行专题研究的成果则是少之又少。当然关于先秦儒家礼育的研究成果并非只有这些，目前学界对儒家有关礼的教育思想该表述为礼育还是礼教尚未有定论，很多相关研究是以礼教为主题进行的，还有部分成果或蕴含在对传统礼学、礼文化、礼乐文化的研究中，或蕴含在对先秦某位儒家代表人物（或其著作中）的礼学思想研究中。

---

① 赖换初：《儒家礼育思想研究》，中南大学出版社 2004 年版，第 3 页。

② 宁西林、史杰：《礼育：儒家核心价值的一种体现》，《兰台世界》2012 年第 15 期。

2. 以礼教为题开展的礼育研究

礼教是一个具有多重含义的概念。目前关于礼教的含义有以下三种：一是新文化运动时期提出的封建礼教，即“旧传统中束缚人的思想行动的礼节和道德”①。这一观点认为礼教是造成中国落后的主要原因，礼教也因此受到长期批判。二是具有宗教意义的礼教，即在人的信仰层面对礼教的研究，认为礼教不等同于宗教，但起到了宗教的作用。蔡尚思认为儒家就是以礼教代宗教，以礼教为宗教。② 司马云杰认为中国的礼教虽不是宗教，却有宗教之大用。③ 三是教育、教化意义的礼教。这是改革开放以后尤其是 20 世纪 90 年代以来学界对礼教研究最多的领域。学者们明显注意到了“吃人的礼教”与“育人的礼教”的区别，封建礼教是封建制度、封建意识在礼教中的反映，反映了封建时代的特殊性，这是我们应当批判的，但人文礼教反映的是人类生存环境和中华民族的共性，是我们应该倡导的。④ 这一时期对礼教的研究集中在礼教的内涵、礼教在传统社会中的作用、当代礼教重构三个方面。

在礼教的内涵方面，学者们从不同角度给出了定义。蔡尚思认为礼教制度与礼教思想是中国封建传统思想文化的一个主轴。礼教思想所涉之范围，略就学科方面而言，即涉及哲学、伦理学、政治学、法律学、经济学、教育学、心理学、社会学、风俗学、历史学、文学、艺术学、宗教学等；略就内容方面而言，约涉及仁礼关系、礼教、礼制、君权、父权、夫权、男权、女权、参政、宗法、男系、血统、亲戚、亲疏、别爱、兼爱、婚姻、恋爱、多妻、多夫、贞女、节妇、忠臣、孝子、女才、女学、丧服、缠足、奴婢、宦

---

① 中国社会科学院语言研究所词典编辑室编：《现代汉语词典》（第 7 版），商务印书馆 2016 年版，第 797 页。

② 蔡尚思：《中国礼教思想之我见》，《学术界》2008 年第 4 期。

③ 司马云杰：《礼教与宗教》，《文化学刊》2012 年第 5 期。

④ 陈杰思：《人文礼教与封建礼教》，见《孔学研究》（第十五辑），云南人民出版社 2009 年版，第 222~232 页。

官、人欲、天理、生理、情感、家庭、遗产、人格、人道、人权等。① 张自慧和王凌皓、王晶都认为礼教是对礼进行传播、普及和传承的重要手段与途径，是古代学校教育的重要内容和历代统治者的治国方略。他们都从广义和狭义上对礼教做了界定。他们认为，从广义上说，礼教是指依靠教化而实施的风俗习惯与伦理道德，通过礼的传播与传承以化成人性、化成天下；从狭义上说，礼教是指礼的普及、传授和教育，包括礼仪的传授和实践以及礼义精神的传播和道德品质的培养。② 王凌皓、王晶进一步认为，先秦儒家礼教思想是中国传统社会关于个人伦理、家庭伦理、国家伦理、自然伦理的一整套完备的道德教育理论体系，是中国传统社会特有的与伦理政治思想相得益彰的一种教育思想。③ 张静互认为礼是先秦儒家教育理论及其实践的核心范畴，仁、人性、文等是礼的教育内涵不可缺少的范畴。儒家的教育理论就是依靠礼与这些范畴的互相关联形成、发展的，礼是文明化了的传统中分化、发展下来的一切标准，礼教是以博文与约礼为主要内容来培养君子的先秦儒家的教育传统。④

在当代礼教重构方面，学者们大多从礼制、礼仪、礼义、礼俗等角度提出了自己的建议。韩星认为要复兴礼教，一是要加强礼学研究，正确认识礼乐文明；二是从洒扫应对等方面对学生进行礼仪礼貌教育；三是给成人补课，从百姓日用到礼乐教化。⑤ 王晶、王凌皓认为要以礼义引领理想信念，

---

① 蔡尚思：《中国礼教思想之我见》，《学术界》2008 年第 4 期。

② 张自慧：《先秦“礼教”再认识》，《山西师大学报（社会科学版）》2006 年第 1 期。

③ 王凌皓、王晶：《先秦儒家礼教思想的历史定位及现代镜鉴》，《社会科学战线》2015 年第 4 期。

④ 张静互：《儒家礼教论——论“仁”、“人性”、“文”和“礼”的关系》，《湖南大学学报（社会科学版）》2003 年第 2 期。

⑤ 韩星：《礼教的社会功用与现代复兴》，《北京行政学院学报》2015 年第 6 期。

以礼仪规范行为模式，以礼俗涵育风俗习惯，以礼制助推社会治理。① 陈朝宗提出儒家礼教思想具有亲切实用、不唱高调、软硬兼施、奖罚分明等特点。他认为，建立现代道德教育体系就要借鉴儒家礼教的这些特色，在教育内容上，把马克思主义人生观大道理化为成人观教育；在教育过程中，要坚持从儿童到成人、从低到高、从小到大、从为人观到人生观的循序渐进的教育原则；在教育方法上，要坚持“动之以情、晓之以理、坚之以力”相结合的原则。②

3. 对礼学、礼文化教化功能的研究

中国传统礼学研究注重对儒家经典礼学著作的考证、阐发研究。王启发认为中国古代礼学的发展大体表现为彼此联系、相互交织的两条线索。一条线索是礼学核心经典的形成，以及在核心经典形成之后，围绕着经典本身引申出的思想学术和学说；另一条线索是历代思想家（包括经学家）有关礼的思想学说和学术。③ 中国传统礼学研究是经学研究的重要内容，中国古代社会有关礼学研究的文献浩如烟海，难以一一陈述。当代学者对礼学、礼文化的研究成果也颇为丰硕，比较有代表性的如：邹昌林的《中国礼文化》，彭林的《礼乐人生——成就你的君子风范》《中国古代礼仪文明》《三礼研究入门》，蔡尚思的《中国礼教思想史》，杨向奎的《宗周社会与礼乐文明》，王启发的《礼学思想体系探源》，顾希佳的《礼仪与中国文化》，刘丰的《先秦礼学思想与社会的整合》，张自慧的《礼文化与致和之道》，成守勇的《古典思想世界中的礼乐生活——以〈礼记〉为中心》，马小红的《礼与法：法的历史连接》，

① 王晶、王凌皓：《“礼治秩序”建构视阈下的先秦儒家礼教思想价值》，《安徽师范大学学报（人文社会科学版）》2015 年第 3 期。

② 陈朝宗：《儒家礼教为什么能够深入人心——兼论社会主义礼教的重建》，《福建政法管理干部学院学报》2008 年第 1 期。

③ 王启发：《礼学思想体系探源》，中州古籍出版社 2005 年版，第 7 页。

张焕君的《制礼作乐：先秦儒家礼学的形成与特征》，梁家荣的《仁礼之辨：孔子之道的再释与重估》，陆建华的《先秦诸子礼学研究》，杨志刚的《中国礼仪制度研究》，勾承益的《先秦礼学》，等等。研究某一专门礼的成果更是数不胜数。与礼育思想相关的研究体现在礼学、礼文化的教化功能研究上，大致分为礼与德、礼与法、礼与乐三个方面的研究。

德是礼学、礼文化能够具有教化功能的基础概念。从周公“制礼作乐”开始，礼就具有突出的道德属性，孔子“以仁入礼”，更是将礼与德紧密地联系在了一起，因此礼与德的关系成为礼学、礼文化研究的一个重要方面。张永祥、张发勤认为，礼、乐、德都从原始宗教派生而来，在之后的发展过程中，与政治紧密联系在一起，与个人道德有直接的联系；不同的是，礼、乐逐渐合而为一，而德则上升为抽象的概念，成为礼、乐的灵魂统帅。① 徐朝旭认为礼的德育功能具体表现为：礼具有养成道德行为习惯的功能，礼具有提高人的道德认知水平的功能，礼具有培养人的道德情感的功能，礼具有道德示范和传承的功能。传统社会实现这些功能的途径主要有两条：一是礼教与乐教配套进行，二是礼的道德教化与国家机器紧密结合。② 韩云忠对先秦儒家礼乐文化的德育价值做了全面而深入的研究。他在分析先秦儒家礼乐文化的内容及核心价值的基础上，指出先秦儒家礼乐文化蕴含丰厚的德育意蕴、超越时代的德育精神、独具特色的德育特征三个方面的德育资源，系统概括了先秦儒家礼乐文化在个人、人与人之间、社会三个方面的德育价值，从积极、消极两个方面对这些德育价值做了评析，最后从三个方面提出了当代转换的路径。具体来说，一是创造性转化，即将先秦儒家优秀礼乐文化转化为现代礼仪制度和规范；二是创新性发展，即在传承弘扬的基础上，发展

---

① 张永祥、张发勤：《论先秦时期礼乐与德的关系》，《文艺评论》2011 年第 2 期。

② 徐朝旭：《论先秦礼的德育功能》，《教育研究》2007 年第 4 期。

完善优良的传统礼典仪式和礼仪风俗；三是创建现代化教育体系，即建立健全先秦儒家优秀礼乐文化和现代礼仪规范教育体系。① 董红亚探讨了礼文化对生活德育的借鉴意义，认为礼与生活德育在教育目的、教育内容、教育过程、教育途径、教育功能等方面都具有相似性，现代生活德育可以从以下几个方面借鉴传统礼文化：一是以仁爱为核心的人本理念，二是寓教于生活的教育途径，三是不断重复的教育手段，四是以自觉为特征的道德追求。② 但也有学者从礼与德的关系入手，指出礼与德之间不存在必然联系，如袁征就认为说礼仪是道德很不严谨，对于普通公民来说，礼仪不是道德。在日常生活中，作为对人们外在表现要求的礼仪标准和作为对人们言行内在本质要求的道德标准是可以不一致的。③

礼源于原始社会的祭祀仪式。这种仪式从一开始就具有突出的秩序性和规范性，“这套‘礼仪’对每个氏族成员便具有极大的强制性和约束力，它相当于后世的法律，实际即是一种未成文的习惯法”④。进入阶级社会以后，礼的内容也由单纯的习俗仪式发展成规范婚姻、血统、君臣等的行为规则，并逐渐制度化、法律化。学者们从不同角度对传统礼法关系进行了研究。张晋藩认为礼是中国法文化的重要构成部分，在历史发展中，作为差别性行为规范的礼与公允性行为规则的法互相渗透、交融，逐渐合流，这种合流对社会文化的影响不断深化，塑造了鲜明的中华法系的特征。⑤ 曾宪义、马小红

① 韩云忠：《先秦儒家礼乐文化的德育价值研究》，山东师范大学 2015 年博士学位论文。

② 董红亚：《礼文化在生活德育中的借鉴意义刍论》，《理论月刊》2009 年第 11 期。

③ 袁征：《礼仪是不是道德——礼仪教育最重要的基础理论问题》，《教育发展研究》2012 年第 12 期。

④ 李泽厚：《中国古代思想史论》，天津社会科学院出版社 2003 年版，第 3 页。

⑤ 张晋藩：《论礼——中国法文化的核心》，《政法论坛（中国政法大学学报）》1995 年第 3 期。

认为中国传统法的结构是礼与法的完美结合，礼教所提倡的价值观浸透于社会的每一个角落，也浸透在法的规范之中。礼义是人们心中的“大法”，法制只是实施这个大法的一个渠道，教化则是更重要的渠道。礼教将包括帝王将相在内的所有社会群体约束在内，因而它的威力较具体的法制、律典更为强大、有效。① 吕露认为，先秦儒家礼法思想的意义在于在探求某种具有普遍性的理念之上，创造出一种他们认为建立在正义或公正原则上的法律和道德秩序，这些关于社会秩序及权力与权利的礼法文化，无疑成为中国封建正统法律思想的理论基石。② 方朝晖在分析对比了中西方的历史发展和社会环境后指出，在中国完全靠法律、制度和政策来治国只能流变成压抑人性、摧残活力的霸道。礼才是维护社会和人间秩序最重要的纽带，它比法更能发挥约束中国人行为的作用，因此我们需要从伦理道德的角度来建设理想社会秩序，实现从主要依靠法律、制度、政策到主要依靠礼俗、礼制和礼乐（当然不是不要法）的转变。③ 也有学者对这种“礼法同构”的传统提出了批评，如赵世超就认为引礼入法在很大程度上是用死的拖住活的，并最终走向了以礼代法、以礼坏法。这导致中国始终未能成为真正的法治社会，我们应该以开放的视野和健康的心理，学习欧美国家的成功经验。对引礼入法的肯定从表面上看是在弘扬传统文化，实际上却曲折表达了对人治社会和等级制度的肯定，这正是中国法治建设所面临的最大难题。④

“礼乐同构”是先秦儒家礼育思想的突出特点。先秦儒家认为礼、乐的

① 曾宪义、马小红：《中国传统法的结构与基本概念辨正——兼论古代礼与法的关系》，《中国社会科学》2003 年第 5 期。

② 吕露：《中国法律儒家化的思想基础——先秦儒家的“礼”、“法”思想刍议》，《重庆工学院学报》2001 年第 3 期。

③ 方朝晖：《法治中国同样需要礼教文明重建——从中西方制度文明的比较展开》，《人民论坛·学术前沿》2014 年第 21 期。

④ 赵世超：《中国古代引礼入法的得与失》，《陕西师范大学学报（哲学社会科学版）》2011 年第 1 期。

发生机制不同，但两者密不可分，统一于道德教化，因此礼乐关系成为礼育研究的又一重点方向。研究者认为和是礼乐共同的本质，它们共同作用于人的品格养成。刘影①、杜凌燕②、白宏影③、韩玉霞④、林滟茹⑤等从不同的角度论述了先秦儒家礼乐思想蕴含的中和思想和人文精神。张慧认为儒家礼与乐既相互对立又相互依存，它们的本质是和谐，具有本体论的意义。⑥ 刘绪晶、曾振宇认为先秦礼乐教化能够使人实现自我身心的和乐自足，有利于推进人与自然、人与人的和谐共处，这种“和”的思想蕴含着对人性的思考、对人的精神与价值的关注，它的人性论基础是人的本性是中和的，它的教化方式是礼以致和、乐以成和。它启示现代人文教育要建立在对人的关怀及对人之性情的反思与理解上，注重教育载体的重要性，注重艺术教育对人的中和精神与人格的涵养作用。⑦ 张自慧、张静还专门从礼文化的视角论述了乐的本质与功能，认为乐是心之声、情之动，能够通伦理、和天地，是情感、道德与和谐的统一体，能够促进社会和谐。⑧

4. 对先秦儒家代表人物礼育思想的研究

除了从整体上对儒家礼育思想进行研究，对孔子、孟子、荀子等儒家代

---

① 刘影：《春秋礼乐的人文精神》，陕西师范大学2009年硕士学位论文。

② 杜凌燕：《乐本与德音：从〈乐记〉看礼乐谐和的社会作用》，浙江大学2009年硕士学位论文。

③ 白宏影：《荀子礼、乐思想研究》，吉林大学2010年硕士学位论文。

④ 韩玉霞：《试论〈乐记〉中礼乐之“和”》，北京第二外国语学院2012年硕士学位论文。

⑤ 林滟茹：《周代礼乐的人文精神》，安徽师范大学2012年硕士学位论文。

⑥ 张慧：《试论先秦儒家的礼乐观》，《山东社会科学》2002年第6期。

⑦ 刘绪晶、曾振宇：《论先秦礼乐教化之“和”思想对现代社会人文教育的启谕》，《山东社会科学》2016年第1期。

⑧ 张自慧、张静：《从礼文化的视角论“乐”之魂》，《郑州大学学报(哲学社会科学版)》2006年第3期。

表人物礼育思想的研究也蕴含在对他们礼学思想的研究中。当前学界普遍认为周公对传统礼学最大的贡献是“制礼作乐”“以德配礼”，创立了中国历史上影响深远的政治文化①，使礼实现了由宗教性向政治性、伦理性的转变②。孔子作为传统礼学的创立者，继承了周礼的人文气质，使礼学完成了由政治性向伦理性的转化。

孔子对礼学的最大贡献是引仁入礼。有人认为孔子礼学思想的精髓或指导思想是仁，仁是道、体，礼乐是器、用③；有人认为孔子的思想体系以礼为核心，礼高于其他诸德，是仁的主要标准④；有人认为仁、礼彼此界定，互相渗透，本无轩轾之分，只是分析层次不同而已⑤；有人认为礼是孔子之道的核心，而仁只是礼的必要条件⑥。礼育思想是孔子礼学思想的重要组成部分。从教学内容看，孔子将礼摆在其教育体系的首位，其教育、培养内容既包括一般的礼仪、礼义，也包括古代典章制度。⑦ 孔子的礼教思想具有突出的人文性，人性化是它的生命根脉，境界化是它的艺术灵魂，理想化是它的人生张力。⑧

对于孟子的礼论，学界比较统一的观点是孟子从心性的角度为礼提供了

---

① 胡戟：《周公制礼》，《陕西师范大学学报（哲学社会科学版）》1997年第3期。

② 陈续前：《礼：从周公到孔子》，《孔子研究》2009年第4期。

③ 李叔华：《试论孔子对传统礼乐文化的贡献》，《孔子研究》1994年第4期。

④ 蔡尚思：《孔子的礼学体系——纪念孔子诞辰二千五百四十周年》，《孔子研究》1989年第3期。

⑤ 张德胜：《儒家伦理与社会秩序：社会学的诠释》，上海人民出版社2008年版，第47页。

⑥ 梁家荣：《仁礼之辨：孔子之道的再释与重估》，北京大学出版社2010年版，第9页。

⑦ 赖换初：《孔子“礼育”思想引论》，《云梦学刊》2002年第6期。

⑧ 白雪：《论孔子礼教的人文思想》，《哈尔滨学院学报》2005年第8期。

依据，孟子对道德之礼的贡献在于为道德之礼的内在性提供了心性论根据。[①]孟子认为礼不仅具有外在的规范意义，更重要的是内在的天所赋的德性意义[②]，礼乐之制从根本上讲都是基于人性的。孟子从内在心性的角度实现了对礼乐生活之制度可能的终极奠基。[③] 也有学者指出，孟子虽然对礼予以心性化的注解，将礼完全纳入道德范围内，但未能解释如何为礼赋予制度化的形态、如何为更广义性的礼提供合理性的证明。[④]

荀子的礼学思想是建立在其性恶论基础上的，“今人之性恶，必将待师法然后正，得礼义然后治”（《荀子·性恶》）。因此，郭淑新、陈健认为性恶是荀子“隆礼重法思想之逻辑起点”[⑤]。郑臣认为荀子的礼学思想与儒家内圣外王的思想是一脉相承的，认为“化性起伪”是荀子的内圣之道，“隆礼重法”则是荀子的外王之道，礼使“圣”与“王”得到了合一，使“尽伦”与“尽制”实现了统一。[⑥] 韩星、何大海指出，荀子认为礼教有教化与政治的双重功能、美政与美俗的双重作用。在荀子的礼教思想中，圣人是理想目标；尊师重礼是基本途径；天人相分，归本人道是本源；本始材朴、性伪之辨是人性论的依据。[⑦] 此外，王军从礼乐重构的视角对荀子的思想进行了研究[⑧]；吴

---

① 陆建华：《先秦诸子礼学研究》，人民出版社 2008 年版，第 83 页。

② 赵骏河：《孟子基本思想与礼》，《齐鲁学刊》1994 年第 4 期。

③ 张树业：《礼乐政教的心性论奠基——孟子礼乐论及其思想史效应》，《中国哲学史》2012 年第 3 期。

④ 杨新宾、黄朴民：《孟子礼论的内在理路》，《理论学刊》2013 年第 3 期。

⑤ 郭淑新、陈健：《荀子隆礼重法思想的逻辑起点与价值目标》，《法学杂志》2016 年第 2 期。

⑥ 郑臣：《从“化性起伪”到“隆礼重法”——荀子内圣外王思想初探》，《湖北社会科学》2016 年第 2 期。

⑦ 韩星、何大海：《荀子礼教思想与社会教化》，《东岳论丛》2017 年第 3 期。

⑧ 王军：《荀子思想研究：礼乐重构的视角》，中国社会科学出版社 2010 年版。

树勤从礼学的视野对荀子的人学进行了研究①；李桂民以礼学思潮为背景，对荀子的思想做了研究②。

（三）先秦儒家礼育思想对当代大学生的教育价值研究

先秦儒家礼育思想对当代大学生的教育价值研究主要集中在大学生礼仪教育和思想政治教育两个方面。下面分别对这两个方面的研究情况做简要介绍。

1. 先秦儒家礼育思想与当代大学生礼仪教育研究

学界当前直接对先秦儒家礼育思想与当代大学生礼仪教育进行研究的成果并不多，多数是对中国传统礼育思想与当前青少年礼仪教育的关系进行研究的。对于当前大学生礼仪素养的缺失，研究者们大多认为这与传统礼仪教育的断裂有着密切关系，因此，他们呼吁在当前大学生礼仪教育中，必须重视对传统礼仪教育精华的传承与弘扬。桂署钦认为，加强大学生传统礼仪教育是改进和发展高校礼仪教育、提升大学生文明礼仪修养、展现大学生教养等的有效途径，也是传承和弘扬中华优秀传统礼仪文化、展现中国礼仪之邦形象和构建社会主义和谐社会的需要。③ 张良才认为中国传统礼仪教育重视儿童的文明礼貌教育，重视蒙养教材的编写，重视学规、学则的制定。当前青少年礼仪教育要注意继承中华传统礼仪文化中的精华并融入新的时代内涵，要做好青少年礼仪读物的编写出版工作，要制定青少年礼仪规范并认真执行。④ 王

---

① 吴树勤：《礼学视野中的荀子人学——以“知通统类”为核心》，齐鲁书社2007年版。

② 李桂民：《荀子思想与战国时期的礼学思潮》，中国社会科学出版社2012年版。

③ 桂署钦：《大学生传统礼仪教育探究》，《学校党建与思想教育》2010年第19期。

④ 张良才：《礼教传统与当代青少年的礼仪教育》，见《纪念〈教育史研究〉创刊二十周年论文集（3）——中国教育制度史研究》，2009年，第357页。

宗源①、李月薇②、王璇③等人均认为中国传统礼仪教育是当代大学生礼仪教育的重要资源，具有重要的价值。他们认为运用中国传统礼仪资源对大学生进行礼仪教育时，要注意坚持古为今用、言行一致、内外兼修、与时俱进等原则，同时要通过课程建设、氛围营造、环境熏陶等多种方式加强礼仪教育。江净帆从分析传统礼育的弊端入手，指出对传统礼仪教育要注重理性鉴别。他认为传统礼教与政治统治结合在一起，具有强烈的工具性色彩，而这种工具性又直接导致了传统礼教的虚伪性。当前的传统礼仪教育需要实现两个转换：一是从等级性社会控制工具向平等性人际交往工具的转换，二是从侧重于行为控制向侧重于内心体验的转换。④ 特别需要提及的是清华大学的彭林教授，他长期致力于当代大学生传统礼仪教育研究，先后出版了《中华传统礼仪概要》《彭林说礼》《中国古代礼仪文明》《儒家礼乐文明讲演录》等系列介绍中华传统礼文化的著作，为清华大学学生开设《中国古代礼仪文明》课程，并在中央电视台“百家讲坛”栏目讲授中国传统礼仪，对当代大学生接受中国传统礼仪教育做出了积极贡献并产生了较大影响。

2. 先秦儒家礼育思想与当代大学生思想政治教育研究

先秦儒家礼育思想具有丰富的德育内涵，因此关于它对当代大学生思想政治教育的价值和启示的研究成果较多。这些成果有的是对先秦儒家礼育思想的直接研究，有的则体现在对儒家礼乐文化、某种具体的礼或某代表人物的礼学思想研究中。张厚军认为发掘传统礼育思想的内涵，借鉴传统礼育

---

① 王宗源：《中华礼文化与大学生礼仪教育研究》，首都师范大学 2008 年硕士学位论文。

② 李月薇：《大学生传统礼仪教育研究》，湖南农业大学 2013 年硕士学位论文。

③ 王璇：《中国传统礼仪教育及其现代价值》，兰州商学院 2014 年硕士学位论文。

④ 江净帆：《论传统礼教的工具性与虚伪性——兼论当前礼仪教育的价值取向》，《道德与文明》2011 年第 2 期。

在维护社会文明、引领道德教育、拓展德育内容、丰富道德教育方法和评价方式等方面的作用，在当代大学生中开展礼的教育，能够使大学生将礼的道德精神内化为自己的个人修养，使大学生从他律走向自律，进而提高高校德育的成效。① 祖国华认为儒家礼乐教化思想与当代高校思想政治教育在理念上有相似之处，儒家礼乐教化思想对当代思想政治教育的价值体现在成人与成才、陶冶与灌输、规范与养成三个方面，当代思想政治教育要继承和汲取儒家传统礼乐教化思想以及注重自我修养的教育传统，把受教育者作为道德主体来培养，用礼引导人的意志，用乐调和人的性情。② 陈朝宗认为儒家礼教思想对我们构建现代思想道德教育体系有以下启示：在教育内容上，要把马列主义大道理转换成生活中的小道理；在教育方法上，要将理论讲授、榜样示范、实践引导相结合；在制约机制上，要将政治制约、舆论监督、法律配合三者并用。③ 张自慧对古代冠礼的德育价值做了探讨，认为冠礼是古代儒家创立的体验式道德教育模式，高校德育应借鉴其经验，以情感培养为核心，以学生实际生活为载体，让广大学生在生活中观察、体验、感悟道德情感，通过人生中的各种仪式活动正确认识自我，学会处理周围的各种关系，逐步形成正确的世界观、人生观和价值观。④ 传统礼育思想的思想政治教育价值已成为研究生毕业论文的重要选题。彭菊玲⑤、

---

① 张厚军：《发掘传统礼育思想的内涵，提高高校德育的成效》，《教育探索》2009 年第 12 期。

② 祖国华：《"礼乐教化"对高校思想政治教育的当代价值阐析》，《社会科学战线》2009 年第 10 期。

③ 陈朝宗：《从儒家礼教的功用到当前德育工作的几点思考》，《中共福建省委党校学报》1999 年第 4 期。

④ 张自慧：《中国古代冠礼的德育价值探析》，《成人教育》2011 年第 8 期。

⑤ 彭菊玲：《先秦儒家礼育与现代德育研究》，武汉理工大学 2006 年硕士学位论文。

张铁武[①]、郭佳[②]、张熙钰[③]、徐益亮[④]、王国伟[⑤]、吴爱菊[⑥]、韩艳[⑦]、张玉娇[⑧]等分别从不同角度对传统礼文化的思想政治教育价值进行了研究。

二、国外研究综述

（一）国外礼学研究综述

国外汉学家对先秦儒家礼育思想的研究是与礼学研究融合在一起的。中国与西方的交流由来已久，但西方对中国哲学、文化、伦理等深层次问题的关注是随着以利玛窦为代表的西方传教士进入中国而不断深化的。明末清初，西方传教士在中国传教的过程中，对中华文化尤其是礼文化有了深入而细致的了解。对中国传统祭孔、祭祖仪式等的不同看法引发了一场对中西文化影响深远的中国礼仪之争。这次礼仪之争不单纯是一场学术争论，还涉及教俗争锋、中西较量等复杂问题，几乎贯穿晚明至前清天主教传行中国的整个历史。[⑨] 西方

---

① 张铁武：《礼文化与当代大学生思想政治教育》，杭州电子科技大学2010年硕士学位论文。

② 郭佳：《先秦儒家乐教思想及其对大学生思想政治教育的启示》，华中师范大学2013年硕士学位论文。

③ 张熙钰：《儒家礼思想之于现代德育的借鉴意义》，中北大学2014年硕士学位论文。

④ 徐益亮：《学校仪式的思想政治教育价值研究》，安徽师范大学2014年硕士学位论文。

⑤ 王国伟：《传统礼文化融入大学生思想政治教育的可行性研究》，中北大学2015年硕士学位论文。

⑥ 吴爱菊：《高校校园仪式的思想政治教育功能研究》，华中师范大学2015年硕士学位论文。

⑦ 韩艳：《大学文化中仪式的思想政治教育功能研究》，贵州财经大学2015年硕士学位论文。

⑧ 张玉娇：《大学思想政治教育视域下的礼文化研究》，苏州大学2016年硕士学位论文。

⑨ 张国刚：《从中西初识到礼仪之争——明清传教士与中西文化交流》，人民出版社2003年版。

传教士对中国传统祭孔、祭祖仪式等持支持和反对两种态度。一种是以利玛窦为代表的文化适应派。利玛窦赞同基督徒参与传统的祭祀仪式，把这些活动看成是非宗教的家族宗法活动。利玛窦确立了基督教在华传教的合儒策略，被认为是西方汉学的始祖。① 一种是以利玛窦的继任者龙华民为代表的反对派。龙华民认为中国传统的祭孔、祭祖涉及偶像崇拜，违背了天主教的基本教义，不能容忍，在中国耶稣会士内部公开挑起关于中国礼仪的争论。这种争论成为欧洲教廷与中国朝廷之间的论争，最终以康熙皇帝宣布禁止西方传教活动为结局。虽然这场礼仪之争的结果并不理想，但这场争论在中西文化交流中起到了重要的桥梁作用，促进了中西文化的交流与传播。也正是因为这场争论，很多中国经典著作被翻译介绍到西方，为西方了解中华传统文化提供了参照，对欧洲启蒙运动也产生了重要影响。根据费赖之的统计，有 30 位耶稣会士在这一期间写下了有关礼仪之争的专著、论文或书信，共约 56 件，而欧洲本土相关论著更是多达近 300 部。虽然欧洲本土的这些争论是基于他们对欧洲社会现状产生的思想倾向而做出的判断②，对厘清中华传统礼文化的真正内涵并无多大帮助，但不可否认的是，这对当时的欧洲如何认识中国产生了深远影响。

除了上述研究，值得一提的是孟德斯鸠在《论法的精神》中对中国礼教的研究。他不仅认为礼教没有束缚自由、扼杀个性，还在一定程度上对礼教的作用做了肯定。他认为，中国礼教是将宗教、法律、风俗和礼仪包含在内的，“中国的政体大获成功，原因就在于一丝不苟地遵守礼仪。……事无巨细，礼仪无处不在，所以，只要找到了一丝不苟地遵奉礼仪的方法，中国就可以治理得非常好”③。

---

① 孟庆波、刘彩艳：《基督教与中华文化“礼仪之争”研究综述》，《河北理工大学学报（社会科学版）》2010 年第 6 期。

② 张国刚：《从中西初识到礼仪之争——明清传教士与中西文化交流》，人民出版社 2003 年版。

③ 孟德斯鸠著，许明龙译：《论法的精神》（上卷），商务印书馆 2009 年版，第 365 页。

如果说西方对中华传统文化的了解在礼仪之争中还以传教士的传播为主，那么鸦片战争则使中西双方全方位接触和碰撞，而文化层面的深层接触则已是19世纪末的事了。19世纪末至20世纪，西方对中国礼学进行研究的主体由传教士的代表人物转向了一些对中华传统文化有着较深刻理解的汉学家，包括马克斯·韦伯、赫伯特·芬格莱特、本杰明·史华兹、葛瑞汉、安乐哲等。

马克斯·韦伯认为“儒教”的本质是入世的，其“所要求的是对俗世及其秩序与习俗的适应，归根结底，它只不过是为受过教育的世人确立政治准则与社会礼仪的一部大法典”。“儒教”强调教育、自我完善、礼貌以及家庭伦理，目标是取得并保存一种文化的地位。礼是“儒教”的一个基本概念，受过传统习俗即礼的教育的中国人会按照自己的社会地位行事，而不会失去自己的尊严。①

美国哲学家赫伯特·芬格莱特用日常语言分析学派的言语行为理论，从日常生活与礼的关系、语言与礼的关系、道德与礼的关系三个方面深入分析了孔子的礼学思想。② 他认为礼作为一条独特的通道，能够畅通无阻，具有使人成为神奇非凡品质的真正人的力量。孔子的思想特征就是“使用‘礼’的语言和意象作为媒介，在礼仪活动中来谈论道德习俗（mores）的整体，或者更确切地说，在礼仪活动中来谈论社会的真正传统与合理习俗的整体”。人需要“花很长的时间和艰苦的努力来学习‘礼’”，“礼”以一种潜移默化的方式实现“人所特有的美德或力量的德性”。③

与赫伯特·芬格莱特不同，本杰明·史华兹强调的是礼的概念和构成规

---

① 马克斯·韦伯著，洪天富译：《儒教与道教》，江苏人民出版社1995年版，第178~182页。

② 曹威：《芬格莱特日常语言分析哲学立场中的孔子礼学研究》，《学习与探索》2010年第4期。

③ 赫伯特·芬格莱特著，彭国翔、张华译：《孔子：即凡而圣》，江苏人民出版社2002年版，第6~7页。

范性社会政治秩序基础的权威与等级制之间密不可分的联系，认为礼的终极目的是赋予等级制与权威以人情的魅力。与礼呈现为何种形态相比，孔子更关注的是那些品质、身份以及心理倾向等个人的内在方面，而对这种内在品质的强调恰恰是孔子的创新之一。在仁与礼的关系上，本杰明·史华兹认为，人们要根据传统中的文明化习惯（礼）来安排行动，这是仁的基本要求；通过礼显现出人们的仁，这是现实生活中实现礼的唯一途径。①

葛瑞汉认为在孔子的思想中，礼包括所有礼仪、风俗、习惯与传习，人们在礼所确定的框架内的行为充满了对他人的关爱和尊重，但礼仪不等于道德，而是一种和谐的态度。他认为孔子深信所有政府职能可以化约为礼仪，即政府若礼仪，一个有道的君主只须以礼便能赢得全体虔诚的归顺。②

安乐哲认为礼是中国人改变环境进而争取权利的途径，以礼仪为基础的秩序在尽力保持宽容，体现了性质上的对等。③ 礼为社会成员提供了一种在社会交往中促进精神发展的中介，礼更大的价值在于它的文化传承功能。礼既是先人们积累的一种文化传统，又是有待于人们根据社会发展重新解释、增添新意的东西，人们通过礼继承传统、发扬传统。④ 而正是在传承礼仪中形成的共同文化记忆和价值观念，让人们融入群体并实现社会化。

这些汉学家对中华传统礼文化的解读未必准确，但提供了独特的研究视角。由此可以看出，西方对中华传统礼文化的研究也是一个随着历史发展而不断深化的过程。

---

① 本杰明·史华兹著，程钢译，刘东校：《古代中国的思想世界》，江苏人民出版社 2004 年版，第 69～78 页。

② 葛瑞汉著，张海晏译：《论道者：中国古代哲学论辩》，中国社会科学出版社 2003 年版，第 13～18 页。

③ 安乐哲著，梁涛、高如辰译：《以礼仪为权利——儒家的选择》，《江汉论坛》2013 年第 6 期。

④ 郝大维、安乐哲著，蒋弋为、李志林译：《孔子哲学思微》，江苏人民出版社 1996 年版，第 61～64 页。

（二）国外礼仪教育研究综述

在西方，礼仪的含义源于法语的“étiquette”，原意为“法庭上的通行证”，引入英文后引申为礼仪，即“人际交往的通行证”，成为每个人必须遵守的行为准则。西方文明史同样在很大程度上体现了人类对礼仪的追求及礼仪自身演进的历史。《荷马史诗》中就已经有了关于礼仪的论述，比如只有讲礼貌、守信用的人才受人尊重，等等。古希腊哲学家更是对礼仪有许多精彩的论述。例如，毕达哥拉斯率先提出“美德就是一种和谐与秩序”的观点；苏格拉底认为应当把礼仪同美德、知识、规矩相联系，他不仅教导人们要遵守礼仪规范，而且要在生活中身体力行；柏拉图强调教育的重要性，指出理想的四大道德目标是智慧、勇敢、节制、公正；亚里士多德说，人类由于志趣善良而有所成就，成为最优良的动物，如果不讲礼法、违背正义，他就会堕落为最恶劣的动物。由此可以看出，在古希腊时期，礼仪就已经被社会认同，并与人们的道德品质等结合在一起。罗马帝国统治时期，教育理论家昆体良在《雄辩术原理》中认为，一个人的道德、礼仪教育应从幼儿期开始。诗人奥维德在《爱的艺术》中告诫青年朋友不要贪杯，用餐不可狼吞虎咽，绅士风度是适时表现出来的礼貌，可以从男人的一言一行中看出来。

在受神学统治的中世纪，受封建等级制的影响，这一时期，骑士教育、儒雅教育、绅士教育兴起，继而产生了严格而繁琐的骑士礼仪、贵族礼仪、宫廷礼仪等。12 世纪的冰岛诗集《埃达》就详细描述了当时嘉宾贵客居上座、举杯祝酒等用餐的规矩。

文艺复兴时期，西方的礼仪开始从上层社会对遵循礼节的繁琐要求转变为对优美举止的赞赏，自由、平等等观念逐渐深入人心。绅士教育成为这一时期欧洲教育的重要内容。弗吉里奥首先阐明了绅士教育思想。维多利诺是第一位践行绅士教育思想的新式教师。巴尔达萨雷·卡斯蒂廖内撰写的《廷臣之书》将谈吐优雅、用词得体、不撒谎、不阿谀奉承等作为廷臣入职的主要条件及行为准则。这对欧洲的绅士教育发展产生了重要影响。英国人埃利奥特随后出版的《行政官之书》被称为英国版的《廷臣之书》。受《廷臣之书》的影响，伊拉斯谟撰写的《男孩的礼貌教育》同样旨在推广贵族的行为规范，培养学生待人接物的能力，以使其熟知个人礼仪和进餐礼仪等各种礼仪及上流社会的生活方式。弗·培根、洛克、伏尔泰、孟德斯鸠、卢梭等著名思想家都提出了许多有价值的礼仪教育理论。弗·培根指出："一个人若有好的仪容，那是于他底名声大有裨益的。"但他认为讲究仪容要自然、无伪，反对过于讲究礼节，若"专讲礼节，并且把礼节推崇到比月亮还高的地位，那不但是繁冗可厌，并且要减少人家对言者的信任了"①。法国启蒙思想家孟德斯鸠认为，礼貌和必要的礼节是人际关系的润滑剂和人际矛盾的缓冲器，礼节由对所有人的尊敬而来，它"既让彬彬有礼者心生喜悦，也让受到礼遇的人感到高兴"②。

进入资产阶级革命时期后，西方礼仪文化和礼仪教育获得进一步发展，资本主义的礼仪逐渐取代封建社会的礼仪。大量与礼仪相关的著作产生，代表性的有捷克教育家夸美纽斯的《青年行为手册》、英国思想家约翰·洛克的《教育漫话》、德国学者麦兰杰斯的《论接待权贵和女士的礼仪——兼论女士如何对男士保持雍容态度》、英国外交家查斯特菲尔德勋爵的《教子书》等。其中，约翰·洛克的《教育漫话》影响较大。他全面、系统地论述了礼仪的地位、作用以及礼仪教育的意义和方法，不仅在当时产生了较大影响，而且至今仍有积极的参考价值。他特别注重对儿童的礼仪教育，认为礼貌是置于首位的大事，应特别小心地在儿童及青年身上养成习惯，使用礼仪的目标是借以表明自己的尊重和善意，过于频繁、不合时宜地使用礼仪与其说是对别人的尊重，不如说是对别人的戏弄。他将儿童的品格培养看作礼仪教育的本质，认为与其教给儿童时髦的礼仪动作，不如将谦逊、善良的品

① 弗·培根著，水天同译：《培根论说文集》，商务印书馆1983年版，第183~184页。

② 孟德斯鸠著，许明龙译：《论法的精神》（上卷），商务印书馆2009年版，第37页。

格教给他们。[①] 1788 年，德国克尼格男爵出版了他这一生影响最广的代表作——《世界上最伟大的礼仪书》。这本书通过对人性的深刻揭示，详细介绍了社交场合与日常生活中应该注意的行为举止，在西方产生了广泛而深刻的影响。时至今日，“克尼格”已成为西方礼仪的代名词。

进入现代，西方编辑出版了很多有关礼仪的书籍。其中比较著名的有：被美国《时代周刊》誉为国际顶尖礼仪权威的利蒂希娅·鲍德瑞奇的《礼仪书：得体的行为与正确地行事》、法国学者让·赛尔的《西方礼节与习俗》、国际知名礼仪专家加拿大学者路易·迪索的《礼仪——交际的工具》、英国学者埃尔西·伯奇·唐纳德的《现代西方礼仪》，等等。被称为美国礼仪之母的艾米莉·博斯特的两部礼仪大全类著作——《礼仪：你不可不知的礼仪常识大全集》《你的礼仪价值百万》产生了较大影响。这两本书从问候、打招呼、正式宴会、非正式宴会、早餐、午餐、晚餐、舞会、订婚、葬礼等多个方面对西方社交礼仪、商务礼仪、职场礼仪、公共场合礼仪、个人礼仪等做了非常详细的介绍。

礼仪教育在西方国家有着悠久的历史传统，至今仍然是英、美、德等国家学校教育的重要内容。德国将礼仪教育纳入学校教育的正规课程；美国主要是将礼仪教育渗透在各学科教育以及公民教育中，间接开展礼仪教育；英国注重让学生从小就讲究个人仪表，熟悉礼仪规范，坎伯纳女子礼宾学校堪称国家重视礼仪教育的典范。不只西方国家，深受中国传统儒学影响的日本、韩国、新加坡也特别重视学生的礼仪教育，不仅在学校开设相应的礼仪课程，还将很多礼仪传统保留在了日常生活中，在全社会营造了良好的遵礼、重礼氛围。

三、研究不足之处

1. 对先秦儒家礼育思想的研究蕴含在对儒家礼教、礼学、礼文化的研究

---

① 约翰·洛克著，徐诚、杨汉麟译：《教育漫话》，河北人民出版社 1998 年版。

中，缺乏系统性的专题研究。从目前的研究情况来看，对先秦儒家礼学、礼文化的研究较多，既有整体性研究，又有对代表人物、具体礼仪（如冠礼、射礼、丧礼等）的研究；而对先秦儒家礼育思想的研究相对不足，目前可见到的成果除了数量不多的论文，只有赖换初的《儒家礼育思想研究》一书对先秦儒家的礼育思想做了较为系统的研究。

2. 大学生礼仪教育以各种具体的礼仪、礼节教育为主，在礼仪教育的目标上存在功利性倾向，教学内容以西方礼仪为主，教学途径以课堂教育为主。当前，对礼仪教育的内涵、教学目标、教学内容等有必要做进一步的梳理研究。

3. 对如何发挥先秦儒家礼育思想在当代大学生礼仪教育中的作用研究还不够充分。当前研究多从课堂教育、仪式教育、礼义教育的某一方面展开，而对如何借鉴先秦儒家礼育思想构建从课堂教育到仪式教育再到日常教育的多维立体礼仪教育体系的研究还不够充分。

第三节　研究思路与研究方法

一、研究思路

笔者的研究思路如下：一是厘清礼仪的起源、发展、内涵、本质、作用等基本问题。这是对先秦儒家礼育思想和大学生礼仪教育进行梳理、研究的基础性工作。二是调研分析大学生礼仪教育现状并寻找原因。调研采用教师与学生双线进行的方式，从师生不同视角揭示大学生礼仪素养现状以及当前礼仪教育中存在的问题，进而分析造成这些问题的原因，指出中国具有丰富的传统礼仪教育思想和行之有效的经验，值得我们学习借鉴。三是综合运用马克思主义基本原理以及思想政治教育学、社会学、心理学等学科理论，从源头上梳理、挖掘先秦儒家礼育思想，探究中国传统礼育的目标、方法，运用辩证唯物主义和历史唯物主义观点，剔除先秦儒家礼育思想中落后性和保守性的内容，推进其实现创造性转化和创新性发展。四是古为今用，将先秦儒家礼育思想的合理内核与当代大学生礼仪教育相融合，探寻当代大学生礼仪教育的有效路径和方法，发挥礼仪教育在提升大学生文明素养、传承中华优秀传统文化、开展思想政治教育等方面的积极作用，不断提升大学生的文化自信，增强其民族认同感和自豪感。

二、研究方法

（一）文献研究法

我国具有丰富的礼文化文献，仅与先秦儒家礼育有关的经典文献就有《周礼》《仪礼》《礼记》《论语》《孟子》《荀子》等。随着对传统文化研究新一轮热潮的兴起，有关传统礼文化、先秦儒家礼育思想、大学生礼仪教育研究的学术论文、专著也日益丰富。笔者在阅读分析、鉴别整理这些文献的基础上，梳理儒家礼育思想的内涵、教育方法、教育途径、当代价值等，初步形成对所研究问题的科学认识和理论积累。

（二）历史与逻辑相统一的方法

先秦儒家礼育思想具有人文精神突出、教育体系完善、注重实践应用等值得当代大学生礼仪教育借鉴的地方，但这并不意味着我们要对它全盘接受。受时代的影响，先秦儒家礼育思想不可避免地具有过于重视尊卑差等、维护等级秩序等问题，这就要求我们必须坚持辩证唯物主义和历史唯物主义观点，做到历史与逻辑的统一；既要实事求是地反映先秦儒家礼育思想形成的历史背景，又要观照现实，着力探究其现代价值，寻找先秦儒家礼育思想的现代转化之路，以为大学生礼仪教育提供借鉴。

（三）网络调查法

为了更加真实地了解大学生礼仪素养和礼仪教育的现状，笔者编制了大学生礼仪教育情况调查问卷（分为教师卷和学生卷），通过问卷星网站，采用网络调查的方式，对国内156所高校的902名教师和111所高校的4127名学生进行了调研，基本掌握了大学生礼仪素养和礼仪教育的大体情况，为本书的研究提供了基础和第一手资料。

（四）实证研究法

作为一线教师，笔者具有深入接触、了解大学生的独特优势，能够运用实证研究法。笔者在研究时，通过观察、非结构性访谈等方式对大学生礼仪素养和礼仪教育的现状进行了解、分析，同时通过主题班会、谈心谈话等方式对大学生开展礼仪方面的主题教育，进而观察、对比礼仪教育的效果。

第一章

大学生礼仪教育及其必要性

在大学生中开展礼仪教育具有重要的理论和实践意义，是培养中国特色社会主义事业合格接班人和可靠建设者的有效路径。研究大学生礼仪教育首先要弄清礼仪的基本内涵及功能。礼是中华传统文化的重要概念，正如钱穆所说，西方语言中没有与中国的“礼”对应的同义词，因此本书对礼仪的阐释均是以中华传统文化为背景展开的。

第一节　礼与礼仪

探寻礼的起源，回顾礼的发展历程是研究礼文化的起点，也是研究礼仪教育的起点。虽然学界对礼的起源尚无定论，但从不同的视角进行探究有利于我们认清礼与礼仪的本质。梳理礼的发展历程、归纳礼仪的特点、总结礼仪的功能是研究大学生礼仪教育的重要前提。

一、传统之礼与现代礼仪

礼是中华传统文化的重要内容，在中国传统社会中发挥了重要的行为规范作用。它蕴含的仁、敬、和等精神使中国人产生了重要的价值认同。随着历史的发展，礼的内涵也在发生变化。在中国传统社会中，礼的内涵十分丰富，几乎是一切规章制度、行为规范、礼仪风俗的总称。相对于传统之礼，现代礼仪的内涵有所缩小，但这并不影响两者之间的一脉相承。

（一）传统之礼

在中华传统文化中，礼的内涵非常丰富。许多学者都曾对礼做出解释或下一个确切的定义。许慎在《说文解字》中说："礼，履也，所以事神致福也。"礼是人们敬神祈福的规则和实践。在《中国礼仪大辞典》中，"礼"被定义为特定的民族、人群或国家基于客观历史传统而形成的价值观念、道德规范以及与之相适应的典章制度和行为方式。礼的本质是诚，有敬重、友好、谦恭、关心、体贴之意。礼是人际乃至国际交往中相互表示尊重、亲善和友好的行为。《辞海》的对礼的释义有七种：一是"敬神"，二是"社会生活中由于风俗习惯而形成的为大家共同遵奉的仪式”，三是“泛指古代贵族等级制的社会规范和道德规范”，四是“礼物”，五是“指礼书”，六是“即‘仪礼’”，七是“姓”。王国维在《殷周制度论》中认为：“周之制度典礼，乃道德之器械。”礼既是一种观念，是伦理规范，具有价值属性，又是观念形态的物质附属物，是典章制度，具有事实属性。钱穆认为礼是整个中国人世界里一切习俗行为的准则，标志着中国的特殊性，既是家庭准则，又是国家准则，为全国人民树立社会关系准则。① 陈戍国认为礼包括礼物、礼仪、礼义，是由经济基础、社会关系决定的，向全社会提出关于人们言论活动的规范性、制约性以及自觉处理各种社会关系和天人关系的能动性，是缘饰化了的社会生活。② 彭林认为礼是人区别于禽兽的标志，是文明与野蛮的区别所在，是自然法则在人类社会中的体现，是社会伦理秩序，是国家典制，是社会一切活动的准则，是人际交往的方式。③ 顾希佳认为中国传统之礼的内涵包括以下五个方面：其一，礼是治国的大纲和根本，尤其指的是我国奴隶社会和封建社会的等级制度和与之相关的礼仪；其二，礼就是理；其三，礼是对人的尊敬和礼貌；其四，礼指礼物；其五，礼指为表示敬意或隆重而举行的仪典、仪式。④ 姜伯勤认为礼是中华传统文化的核心，是一种节制、一种节律、一种礼节、一种仪式，可分述为礼意、礼仪、礼器。⑤ 无独有偶，彭林⑥、

---

① 邓尔麟著，蓝桦译：《钱穆与七房桥世界》，社会科学文献出版社1995年版，第7页。

② 陈戍国：《先秦礼制研究》，湖南教育出版社1991年版，第9页。

③ 彭林：《儒家礼乐文明讲演录》，广西师范大学出版社2008年版，第27~33页。

④ 顾希佳：《礼仪与中国文化》，人民出版社2001年版，第15~17页。

⑤ 姜伯勤：《敦煌艺术宗教与礼乐文明》，中国社会科学出版社1996年版，第6~7页。

⑥ 彭林：《礼，中国文化的“核心元素”》，《新华日报》2012年1月18日。

丁鼎[①]、龚建平[②]等都认为礼是中华传统文化或儒家思想的核心。王启发认为礼可区分为三个方面：一是见之于行为活动或仪容态度的礼仪，即行为之礼；二是见之于名物制度或典章条文的礼制，即制度之礼；三是见之于理性活动或思想观念的礼义，即观念之礼。中国古代的礼实为具备宗教、道德、法律三重属性的综合观念。[③] 由此可以看出，在中华传统文化中，礼几乎无所不包，一般来说，包括宗教信仰、社会规范、文化制度、行为方式等。按照今天的学科分类，社会学、法律学、伦理学、宗教学、艺术学、哲学等实际上都在礼之中。[④] 可以说，中国的礼实际上是儒家文化体系的总称。[⑤]

综上所述，我们需要从狭义、广义两个层面来理解中华传统文化中礼的概念。从狭义上来说，礼是人们进行社会交往的行为规范与准则，与现代的常用礼仪概念相近。从广义上来说，礼既包括为一些重大或有纪念意义的活动而举行的仪式，也包括社会交往中的礼貌、礼节，是人们在长期生活实践中约定俗成、共同认可的几乎涵盖一切制约社会生活和人们行为的规范与制度，包括道德规范、政治制度以及蕴含在礼仪规范中的价值认同、道德情感、思想观念等，可分为礼制、礼仪、礼义三个方面。笔者在本书中采用的是广义的礼的概念。

（二）现代礼仪

随着时代的发展，与传统的礼相比，今天的礼仪又有了新的内涵。《现代汉语词典》对礼的解释有五种，一是“社会生活中由于风俗习惯而形成的为大家共同遵守的仪式”，二是“表示尊敬的言语或动作”，三是“礼物”，

---

① 丁鼎：《礼：中国传统文化的核心》，见《礼学与中国传统文化：庆祝沈文倬先生九十华诞国际学术研讨会论文集》，中华书局 2006 年版。

② 龚建平：《礼与儒家的“人道”观》，见《儒家文化研究（第三辑）：礼学研究专号》，生活·读书·新知三联书店 2010 年版，第 57 页。

③ 王启发：《礼学思想体系探源》，中州古籍出版社 2005 年版，第 4 页。

④ 郭齐勇主编：《儒家文化研究（第三辑）：礼学研究专号》“弁言”，生活·读书·新知三联书店 2010 年版，第 1 页。

⑤ 彭林：《中国古代礼仪文明》，中华书局 2013 年版，第 9 页。

四是“以礼相待”，五是“姓”。[①] 第一、二种解释是本书所论述的礼的当代内涵应有之义，第一种解释可以概括为仪式，第二种解释可以概括为礼节，也就是说，现代语境中的礼包括仪式与礼节两个部分。

现代礼仪同样具有丰富的内涵，不同的研究者给出了不同的定义。赵景卓认为，“礼仪是指人们在相互交往中，为表示相互尊重、敬意、友好而约定俗成的、共同遵循的行为规范和交往程序。礼仪既可以指在较大、较正规场合隆重举行的各种仪式，也可以泛指人们在社交活动中的礼貌礼节”[②]。王德仲、张晓安认为礼仪是对礼节、仪式的统称，是指在人际交往中，自始至终地以一定的、约定俗成的程序、方式来表现律己、敬人的完整行为。[③] 周理弘认为，“礼仪是文明社会里人们约定俗成的行为准则和说话办事的种种规范”[④]。王贺兰认为，“礼仪是指以建立和发展和谐的社会生活和人际关系为目的，由人们在长期共同生活和社会交往中逐渐形成，并以礼节、礼貌以及风俗、习惯、惯例等方式固定下来的约定俗成的行为规范”[⑤]。竭红云认为，礼仪是人际交往过程中，按照约定俗成的方式表现出来的一种敬人、律己的交往方式，涉及穿着、交往以及沟通等多方面的内容。[⑥] 综合上述观点可以看出，与传统的礼是一种特殊的社会准则，近似于不成文的律法与道

---

① 中国社会科学院语言研究所词典编辑室编：《现代汉语词典》（第7版），商务印书馆2016年版，第797页。

② 赵景卓编著：《现代礼仪》（第三版），中国物资出版社2006年版，第1页。

③ 王德仲、张晓安主编：《现代礼仪》，中国物资出版社2005年版，第2页。

④ 周理弘编著：《现代礼仪必备全书》“前言”，中国致公出版社2007年版，第1页。

⑤ 王贺兰：《当代中国青少年礼仪教育的反思与建构》，河北师范大学2010年博士学位论文。

⑥ 竭红云：《大学生礼仪教育新路径》，《河北大学学报（哲学社会科学版）》2015年第6期。

德伦理精神的结合体不同，现代意义上的礼仪，作为在公共交往中表示对他人尊重且自重的行为规范和仪式，尽管具有道德的意义，但它主要是作为人际关系的润滑剂和人际矛盾的缓冲剂，服务于营造和谐友善的社会氛围。① 现代礼仪的内涵应当包括三个方面：一是人际交往中的行为规范，具体表现为礼节；二是人际交往中的仪容仪貌和内心情感，具体表现为礼貌；三是在重要时刻或重大场合举行的具有纪念意义和象征意义的程序、形式，具体表现为仪式。

综合当代社会实际和既往文化传统，我们同样应从狭义和广义两个层面来理解现代礼仪的概念。狭义的礼仪是指人们在长期共同生活和社会交往中逐渐形成的约定俗成的交往规则和行为规范，用于表示尊敬、友好的内心情感，具体表现为礼貌、礼节、仪表、仪容、仪式等。广义的礼仪还应包括为构建良好的社会秩序而要求人们共同遵守的基本价值准则，具体表现为道德规范、风俗习惯等。笔者在本书中采用的是广义的礼仪概念。

（三）礼仪的本质

礼仪的本质体现着中国人内心深处的价值理念，是中华传统文化中深沉的身份认同。中华传统礼文化形成于先秦时期。现代礼仪与先秦儒家礼仪一脉相承。仁是礼仪的价值诉求，敬是礼仪的本质要求，和是礼仪的目标追求。

1. 仁

先秦儒家不仅把礼作为天地万物之序的表现，还强调礼代表的秩序的最终指向是培养人们的仁道精神。仁是儒家追求的最高理想，其内容非常丰富。②

---

① 董红亚：《礼、礼仪及对生活德育实践的启示》，《浙江教育学院学报》2007 年第 4 期。

② 戴兆国：《儒家礼文化思想与大学生素质养成》，《高校辅导员学刊》2015 年第 1 期。

周公创设周礼是为了“敬德保民”“以德配天”，但礼之所以值得遵守，是因为它与人的生活息息相关且具有深化到人内心的指导作用。① 因此，孔子以仁释礼，直指人的内心，旨在将社会外在规范化为个体的内在自觉。他认为礼应该建立在仁的基础上，仁是礼的必要条件，没有仁，也就谈不上礼。“人而不仁，如礼何？人而不仁，如乐何？”（《论语·八佾》）仁是礼的核心，君子在日常活动中应以仁为最高要求。“温良者，仁之本也。敬慎者，仁之地也。宽裕者，仁之作也。孙接者，仁之能也。礼节者，仁之貌也。言谈者，仁之文也。歌乐者，仁之和也。分散者，仁之施也。儒者兼此而有之，犹且不敢言‘仁’也。其尊让有如此者。”（《礼记·儒行》）有学者认为孔子深信仁与礼之间存在着不可瓦解的联系纽带，而且德性可以与礼分离开来存在②，但没有内在德性的礼只是没有任何意义和价值的外在形式，因此孔子大声疾呼：“礼云礼云，玉帛云乎哉？乐云乐云，钟鼓云乎哉？”（《论语·阳货》）没有礼的德性算不上真正的德性，“恭而无礼则劳，慎而无礼则葸，勇而无礼则乱，直而无礼则绞”（《论语·泰伯》）。因此，在孔子看来，仁与礼关系密切、相辅相成，仁是礼的内在基础，礼是仁的表现载体和外在规范，孔子用仁解释礼，本来是为了复礼，结果却使手段高于目的，使仁成为更本质的东西。③

2. 敬

礼之本为仁，礼之质为敬。《礼记·曲礼上》开篇即言：“毋不敬，俨若思。”“礼主于敬”是先秦儒家的共识，“古之为政，爱人为大。所以治爱人，礼为大。所以治礼，敬为大”（《礼记·哀公问》）。《论语》中有 20 多处提到敬，“居上不宽，为礼不敬，临丧不哀，吾何以观之哉？”（《论语·八佾》）如

---

① 张焕君：《制礼作乐：先秦儒家礼学的形成与特征》，中国社会科学出版社 2010 年版。

② 本杰明·史华兹著，程钢译，刘东校：《古代中国的思想世界》，江苏人民出版社 2004 年版，第 82 页。

③ 李泽厚：《中国古代思想史论》，天津社会科学院出版社 2003 年版，第 15~16 页。

果礼仪缺少了敬，也就没有什么可看的了。与礼外在的形式相比，内心的情感才是最重要的，“礼，与其奢也，宁俭。丧，与其易也，宁戚”（《论语·八佾》）。在孝顺父母方面，孔子更是将养与敬区分开来，认为单纯地供养父母与犬马无异，将敬与养结合起来才是真正的孝。因此孔子说：“今之孝者，是谓能养。至于犬马，皆能有养。不敬，何以别乎？”（《论语·为政》）敬是君子的基本素养，当子路问孔子什么是君子时，孔子说“修己以敬”（《论语·宪问》），“事上也敬”（《论语·公冶长》）。敬是君子四道之一，如果能够做到恭敬有礼，那么天下到处都是兄弟，“君子敬而无失，与人恭而有礼。四海之内，皆兄弟也”（《论语·颜渊》）。忠信笃敬是立身之本，如果能够做到忠信笃敬，即使在蛮荒落后的国家也能够行得通。如果做不到，即使在自己的国家也行不通，“言忠信，行笃敬，虽蛮貊之邦，行矣。言不忠信，行不笃敬，虽州里，行乎哉？”（《论语·卫灵公》）孔子的徒弟子张也认为如果读书人能够做到行礼以敬，能够在祭丧之时融入自己的哀思，就已经做得很到位了，“士见危致命，见得思义，祭思敬，丧思哀，其可已矣”（《论语·子张》）。孟子也认为敬是礼的核心要义，“恭敬之心，礼也”（《孟子·告子上》）。在孔子那里，敬代表的还是一种内在的虔敬与外在的服从。孟子则认为敬是发自内心地对别人的尊重，“君子所以异于人者，以其存心也。君子以仁存心，以礼存心。仁者爱人，有礼者敬人。爱人者，人恒爱之；敬人者，人恒敬之”（《孟子·离娄下》）。荀子进一步阐发了礼与敬的关系。他认为礼是用来处理生死大事的，君子行礼时，恭敬谨慎之情应贯穿始终，“礼者，谨于治生死者也。生，人之始也；死，人之终也；终始俱善，人道毕矣。故君子敬始而慎终，终始如一，是君子之道、礼义之文也”（《荀子·礼论》）。

3. 和

和是中华传统文化的重要理念。天人合一、协和万邦、人际和谐、身心和谐是中国人重要的价值追求。中庸是中国人行事的重要原则，正所谓“喜怒哀乐之未发，谓之中；发而皆中节，谓之和。中也者，天下之大本也；和也者，天下之达道也”（《礼记·中庸》）。和也就自然成为制礼的终极目标，“礼之用，和为贵。先王之道，斯为美，小大由之。有所不行，知和而和，不以礼节之，亦不可行也”（《论语·学而》）。礼的作用就在于使人遇事都能处理得恰到好处，这是最为可贵的。先王把大事小事都做得恰到好处，这是他们最为可贵的地方。但是为了追求和而和，不用礼来规范节制，也是不行的。

因此，孔子提出“君子和而不同，小人同而不和”（《论语·子路》），认为君子重调和却不盲目附和，小人只会附和而不讲原则，礼恰恰是君子行事的重要原则。孟子认为人和是做事成败的决定性因素，“天时不如地利，地利不如人和”（《孟子·公孙丑下》）。荀子对礼与和的关系做了较为详细的论述，他认为礼就是为了损有余而补不足，设立仪式修饰时不至于妖艳，设立简陋的仪式时不至于刻薄，设立欢乐愉悦的仪式时不至于放荡懈怠，设立哭泣悲哀的仪式时不至于过分悲伤以致损害身体，这才是礼的中和之道。“礼者断长续短，损有余，益不足……故其立文饰也，不至于窕冶；其立粗衰也，不至于瘠弃；其立声乐恬愉也，不至于流淫惰慢；其立哭泣哀戚也，不至于隘慑伤生：是礼之中流也。”（《荀子·礼论》）对于君子而言，宽容而不怠惰，廉正而不伤人，善辩而不争吵，明察而不偏激；正直独立而不盛气凌人，坚定刚强而不凶暴，宽柔和顺而不随波逐流，既恭敬谨慎又从容不迫，这才是最好的礼仪。“君子宽而不僈，廉而不刿，辩而不争，察而不激；寡立而不胜，坚强而不暴，柔从而不流，恭敬谨慎而容，夫是之谓至文。”（《荀子·不苟》）由此可以看出，儒家的礼是以和来构建社会秩序和人际关系的，其目标就是构建秩序井然、人人和谐的理想社会。

二、礼的起源与发展

（一）礼的起源

关于礼的起源，学术界尚未形成统一的意见，代表性的观点有祭祀说、宗教说、冠昏说、人欲说、风俗说、人情说等。① 综合前人的观点，笔者认为从源于

① 张弘、马婷婷：《中国古代礼的起源问题新探》，《济南大学学报（社会科学版）》2011年第1期。

祭祀、效法天地、依托圣人、缘于人情四个视角去考察礼的起源较为合适。

1. 源于祭祀

汉字独有的象形、指示等特点为了解礼的起源提供了独特视角。许慎在《说文解字·示部》中说："禮，履也，所以事神致福也。从示从豊，豊亦声。"下面我们就从许慎对礼之解释中的几个关键字来分析一下礼的起源。"礼者，履此者也。"（《礼记·祭义》）刘熙《释名》："履，礼也，饰足所以为礼也。"段玉裁在《说文解字注》中对"履"的解释是："履，足所依也。"从这些解释中可以看出，礼首先是一种规矩、规范。那礼到底是什么规矩、规范呢？"所以事神致福也"明确地指出礼是"事神致福"即祭祀的规矩，这从后面的"从示从豊"可以得到验证。甲骨文的"示"字有丌、丌、丅、丅这样几种写法，本义是祭台①，所以《说文解字》说："示，神事也。""豊"的甲骨文是豊，《说文解字》的解释是"行礼之器也，从豆，象形"。王国维经过考证认为"豐"是"会意字，而非象形字也"，最早是指器皿里面装盛两串玉祭祀神灵，"盛玉以奉神人之器谓之𡆫、若豐，推之而奉神人之酒醴亦谓之醴，又推之而奉神人之事通谓之礼"②。郭沫若也认为"禮是后来的字，在金文里面我们偶尔看见有用豊字的，从字的结构上来说，是在一个器皿里面盛两串玉具以奉事于神，《盘庚篇》里面所说的'具乃贝玉'，就是这个意思。大概礼之起起于祀神，故其字后来从示，其后扩展而为对人，更其后扩展而为吉、凶、军、宾、嘉的各种仪制。这都是时代进展的成果"③。因此，李泽厚认为礼的起源和核心是尊敬和祭祀祖先④，从文化发展的角度看，礼制源于原始的

---

① 姜栋：《从"礼"字管窥中国传统法文化中的"礼"的起源》，《河北法学》2011 年第 2 期。

② 王国维：《观堂集林》，河北教育出版社 2001 年版，第 177 页。

③ 郭沫若：《郭沫若全集》历史编第二卷《十批判书》，人民出版社 1982 年版，第 96 页。

④ 李泽厚：《中国古代思想史论》，天津社会科学院出版社 2003 年版，第 3 页。

巫术活动，“巫”与“礼”转换和衔接的关键环节就是“祭”，“围绕着对祖先神的天天祭祀的仪式和占卜，便正是‘礼’的开始”①。由此可以看出，礼产生于人类社会初期，最初的本义就是祭神的礼器，随着历史的发展，其从祭祀的某一个环节引申为祭祀的整个过程即祭祀神灵的行为、仪式，并逐渐丰富为涵盖社会生活方方面面的各种礼制、礼仪、礼义等，是一个多含义名词。

2. 效法天地

天人关系是中华传统文化的核心观念之一，这一点鲜明地体现在礼的产生过程中。先秦儒家把礼与神秘的天地之道相结合，赋予礼以超验性和绝对性。他们认为礼是参照天地建立的，“夫礼必本于天，动而之地”（《礼记·礼运》）。“礼者，天地之序也。”（礼记·乐记）礼“上事天，下事地，宗事先祖，而宠君师，是礼之三本也”（《大戴礼记·礼三本》）。“礼以顺天，天之道也。”（《左传·文公十五年》）孔子认为礼是天道在人之日常生活中的体现，天道是礼的来源，“必本于天，殽于地，列于鬼神，达于丧、祭、射、御、冠、昏、朝、聘”（《礼记·礼运》）。荀子也认为天地阴阳四时的秩序和法则是礼的本源，“天地以合，日月以明，四时以序，星辰以行，江河以流，万物以昌，好恶以节，喜怒以当，以为下则顺，以为上则明，万物变而不乱，贰之则丧也。礼岂不至矣哉！……天下从之者治，不从者乱；从之者安，不从者危；从之者存，不从者亡”（《荀子·礼论》）。天地四时、星辰江河的运行规则是礼的本源，遵循这种规则，按照礼的要求行事，天下才会太平，否则就会混乱。在先秦儒家的观念中，天地秩序是礼的理论来源和运行依据，礼是天地秩序在人类社会中的表现形式，是沟通天人之际的媒介和工具，正是通过礼，实现了天人合一。

3. 依托圣人

礼本天地而生，但天地无言，是谁将天地之道与礼联系在一起的呢？先

---

① 李泽厚：《由巫到礼　释礼归仁》，生活·读书·新知三联书店 2015 年版，第 42 页。

秦儒家认为在人类社会初期，社会基本上处于原始的自然状态，纷争无序，为了使社会不再混乱，古代的圣人就参照天地大道制定了人世间的礼仪秩序，使各方协调发展、各得其所。“先王恶其乱也，故制礼义以分之，以养人之欲，给人之求，使欲必不穷乎物，物必不屈于欲，两者相持而长，是礼之所起也。”(《荀子·礼论》)荀子认为，先王制定礼仪来调节人们的欲望、满足人们的要求，使财物与人欲相互节制，这是礼产生的原因。同样的观点在《礼记》中也多有论述。“故圣人作乐以应天，制礼以配地。礼乐明备，天地官矣。”(《礼记·乐记》)“先王之制礼也，不可多也，不可寡也，唯其称也。”(《礼记·礼器》)“圣人以礼示之，故天下国家可得而正也。”(《礼记·礼运》)虽然这些典籍没有明确指出是哪些圣人创造了礼仪，但从历史发展的脉络来看，周公在德政的基础上制定了一套全新的政治制度和行为规范，这在中华传统礼文化的发展史上具有重大的历史意义。其后经过孔子、孟子和荀子的进一步发展和完善，礼逐渐成为中国传统社会的政治制度、道德准则和行为标准。因此，说礼产生于圣人未必合适，但说周公、孔子、孟子和荀子等在中华传统礼文化的发展中做出了重大历史贡献是不容置疑的。

4. 缘于人情

礼是社会历史发展的产物，人类社会并非一开始就有明确的礼仪规范。礼之所以能够在国家社会、个人生活等方面发挥重要的约束、指导作用，与其形成之初便具有深厚的人性基础是分不开的。《礼记·问丧》说：“……礼义之经也。非从天降也，非从地出也，人情而已矣。”先秦儒家将人性作为礼的发端和依据，“发乎情，止乎礼义。发乎情，民之性也；止乎礼义，先王之泽也”(《毛诗序》)。《礼记·礼运》指出：“故礼义也者……所以达天道，顺人情之大窦也。”人的自然性情有合理的一面，也有不合理的一面，因此礼不仅要顺从人性，还要节制人性，“礼者，因人之情而为之节文，以为民坊者也”(《礼记·坊记》)。孟子、荀子正是在各自不同人性论的基础上，提出了自己的礼学思想。孟子认为人性本善，但人容易受到外在环境的诱惑而失其本心，因此要加强后天培养，而礼是主要途径。基于此，孟子认为礼是抵御邪恶、发扬本心的门径，“礼，门也”（《孟子·万章下》）。荀子则认为人性本恶，在礼的起源上，他认为“人生而有欲，欲而不得，则不能无求；求而无度量分界，则不能不争；争则乱，乱则穷。先王恶其乱也，故制礼义以分之，以养人之欲，给人之求，使欲必不穷乎物，物必不屈于欲，两者相持而长，是礼之所起也”（《荀子·礼论》）。礼就是圣人为了节制人性之恶而创设的，“故圣人化性而起伪，伪起而生礼义”（《荀子·性恶》）。圣人“化性而起伪”是对人性的改造，也是对人性的顺从。只有合乎礼的情才合于天道，只有循乎情的礼才具有大义。因此，彭林认为儒家的礼学思想可以扼要归纳为：礼根植于人性,故礼能体现人类最普遍的特性。①

（二）礼的发展

礼的发展贯穿了整个中国历史，可以说从人类社会产生的那一刻起，礼的萌芽就产生了。随着历史的发展，礼在中国经历了不同的发展阶段，每一个阶段都有其深刻的历史文化背景。

1. 从原始祭祀到政治制度

从历史发展的视角来看，礼与原始祭祀紧密相关。礼起源于祭祀，从指称祭祀的某个环节到指称祭祀的整个过程。古代中国早在尧舜时期就形成了王权与神权的合一，这种祭政合一的巫祝文化发展的一个结果，就是人类早期政治生活的表现。② 西周是祭祀之礼向人文政治之礼转变的关键时期。殷商之礼讲的是“天命”，所重在鬼神，是神灵祭祀，具有突出的宗教属性。而西周的礼已转变为人文之礼，内涵进一步丰富和完善，并逐渐向政治倾斜，讲的是“外王”，所重在社会，是社会管理，具有突出的制度属性。③周公在武王去世之后，辅助成王摄政，在反思商纣灭亡的原因之后，他提出了德政的理念，要保证德政的实施，就要建立一套全新的政治制度和系统的

---

① 彭林：《中国古代礼仪文明》，中华书局2013年版，第22页。

② 王启发：《礼学思想体系探源》，中州古籍出版社2005年版，第13页。

③ 田君：《论礼学脉络与礼学史分期》，《孔子研究》2016年第3期。

行为规范。这些制度和规范被统称为礼。《周礼》将礼细分为吉、凶、军、宾、嘉五礼，虽然祭祀之礼仍排在首位，但此时的祭祀之礼已经与战争一起成为国家政治活动的重要组成部分，“国之大事，在祀与戎”（《左传·成公十三年》）。就文化的象征意义来看，周代的封建、宗法都可以化入礼乐之中。① 礼从一种带有宗教性质的图腾崇拜仪式发展成为以宗法制为核心的习惯统治法规，这一转变的过程是相当复杂的。② 礼从祭祀鬼神走向了建构社会秩序，逐渐成为协调家庭伦理的基本方式，成为解决社会问题的重要依据，成为治国理政的重要原则。这就使得礼从礼仪、礼制走向了礼治、礼教。礼无所不在，无所不能，全面指导和规范着社会秩序。统治者更强调礼的政治功能，把礼看作治国的重要原则和维护社会稳定的重要工具。在周代，礼仪形式的完善和制度化表明礼乐不仅是一种单纯的文化现象，更是一种政治现象，是国家的一种统治思想，是一种主流的意识形态。③

2. 由上层社会到百姓生活

周礼作为一种国家制度和行为规范，无论从祭祀对象、祭祀时间与空间还是从祭祀的次序、祭品、仪节等方面来看，它追求的都是一种上下有差别、等级有次第的差序格局。④ 西周实行的宗法制度决定了为官者世世为官，为民者世世为民，又由于官守学业，为官之父兼而为师，传其所学；为官之子，则就其父学，习其业，谓畴人子弟。⑤ 也就是说，王位世代相传，只有

---

① 韦政通：《中国思想史》（上），吉林出版集团有限责任公司 2009 年版，第 26 页。

② 孙祥生：《论礼的起源及其转型——一种法文化学的视角》，《社会科学辑刊》2005 年第 6 期。

③ 李宜蓬：《从礼器到礼教：礼乐文化推衍的内在逻辑》，《孔子研究》2014 年第 4 期。

④ 葛兆光：《中国思想史》（第一卷），复旦大学出版社 2013 年版，第 90~102 页。

⑤ 梅汝莉等主编：《中国教育通史 1 先秦卷》（上），北京师范大学出版社 2013 年版，第 73 页。

王官和未来的王官才有资格教，才有资格学，即所谓“礼不下庶人，刑不上大夫”（《礼记 · 曲礼上》），所以那个时候，受教育只是王公贵族的特权，平民百姓是很难接受教育的，这就决定了这一时期的礼仪教育只能限定在上层社会之中。随着社会生产力的进一步发展，原有的宗法制、分封制和井田制逐渐解体，政治、经济、社会发生剧烈变化，士阶层迅速崛起，私学兴起，学术逐渐摆脱官学的樊笼，开始进入寻常百姓家。孔子正是在这一背景下创办了春秋时期规模最大、时间最长、组织最完备的私学。① 孔子将礼作为其教育体系的重要内容，告诫弟子“非礼勿视，非礼勿听，非礼勿言，非礼勿动”（《论语 · 颜渊》）。孔子将礼作为立身之本，提出“立于礼”（《论语 · 泰伯》），“不学礼，无以立”（《论语 · 季氏》），“不知礼，无以立也”（《论语 · 尧曰》）。他主张恢复周礼，首次将仁与礼结合起来，赋予礼以新的含义，“克己复礼为仁。一日克己复礼，天下归仁焉”（《论语 · 颜渊》）。从西周以“人文道德”为核心的制度之礼，到东周以“礼缘情而作”为核心的观念之礼，孔子的“克己复礼”是一大关键。② 孔子认为礼脱离了宗教的范畴，成为人文世界里的规范和秩序。③ 他将礼作为人的普遍行为准则，提出“君君，臣臣，父父，子子”（《论语 · 颜渊》），打破了以往礼主要作为贵族行为规范的局限。自此，中国历史上出现了在道德面前天子与庶人一律平等的观念，“礼下庶人”的历史进程也得以开启。④

3. 由礼到理

孔子以后，其后学不断完善礼学体系，虽历经战国时期的百家争鸣、秦

---

① 梅汝莉等主编：《中国教育通史 1　先秦卷》（上），北京师范大学出版社 2013 年版，第 159 页。

② 田君：《论礼学脉络与礼学史分期》，《孔子研究》2016 年第 3 期。

③ 韦政通：《中国思想史》（上），吉林出版集团有限责任公司 2009 年版，第 53 页。

④ 杨志刚：《“礼下庶人”的历史考察》，《社会科学战线》1994 年第 6 期。

多用法家、汉初崇尚黄老，但儒学一脉代代相传。自汉武帝采取董仲舒“罢黜百家，独尊儒术”的建议后，儒家思想便成为我国封建社会的正统思想，以儒家经义为核心的礼学体系逐渐成为人们遵循的价值体系和行为规范。秦汉以后，儒法两大学派思想合流，周礼中的“尊尊、亲亲、男女有别”等原则逐渐演化为“三纲”，“三纲五常”在后世生活中取代“亲亲，尊尊”的地位，渗透到封建生活的方方面面，成为具有普遍意义性的礼教。① 至宋明理学、心学兴起，又将礼与“天理”“心性”“良知”联系在一起，以性来解释礼的产生。理学家将礼的思想纳入理学的脉络当中，将礼与天理联系起来，确立了礼的本体地位。这在礼学思想以及礼学发展史上是一次飞跃，具有重要的意义。② 理学家和心学家对礼的理论抒发，一方面赋予礼以强烈的思辨哲学色彩；另一方面，使礼的作用深入人心之隐微，使人们经过内省而安贫、知命，在思想行动上都遵守礼，从而把礼变成载入生命与心灵的毒素。③清代中叶反理学大师戴震曾尖锐地抨击说：“酷吏以法杀人，后儒以理杀人，浸浸乎舍法而论理，死矣，更无可救矣！……而天下受其害者众也！”④

4. 礼的没落

明代后期，一方面，上层统治集团极端腐朽，官吏贪污成风，广大农民、商人、手工业者深受剥削和压迫；另一方面，商品经济和手工业获得空前发展，甚至江南地区还出现了资本主义萌芽，市民阶层逐渐壮大。在这一背景下，思想界也随之出现了突破传统的启蒙运动，李贽、王夫之、顾炎武、黄宗羲等都对传统维护纲常礼教的儒学进行了批判，在一定程度上解放

---

① 陈倩、王丹、张淑欣：《中国古代礼治的发展》，《法制与社会》2016 年第 22 期。

② 刘丰：《宋代礼学的新发展——以二程的礼学思想为中心》，《中国哲学史》2013 年第 4 期。

③ 张晋藩：《论礼》，《社会科学战线》1998 年第 3 期。

④ 戴震著，何文光整理：《孟子字义疏证》，中华书局 1982 年版，第 174 页。

了人们的思想。[①] 随着清朝的建立，礼教纲常再次获得新的发展。清朝末年，随着鸦片战争、太平天国运动的发生，中国传统礼教思想受到极大冲击。清末革命派更是对旧礼俗、旧习惯进行了猛烈抨击，主要集中在反对跪拜礼、反对厚葬、反对妇女缠足、反对旧式婚姻、主张剪发易服等方面。从戊戌变法到辛亥革命，以“三纲”为核心的传统礼教受到沉重打击。[②] 到了新文化运动时期，随着民主、科学思想的传入，礼教更是成为当时新派人物争相批判的对象。陈独秀指出，礼教莫重于“三纲”（君为臣纲，父为子纲，夫为妻纲），“三纲说”为孔教之根本要义。[③] 鲁迅在他的著名小说《狂人日记》中写道：“我翻开历史一查，这历史没有年代，歪歪斜斜的每叶上都写着‘仁义道德’几个字。我横竖睡不着，仔细看了半夜，才从字缝里看出字来，满本都写着两个字是‘吃人’！”这在知识分子中引起了极大反响。此后，吴虞在《新青年》第6卷第6号发表《吃人与礼教》一文，把“吃人”与“礼教”并列；胡适提出“打倒孔家店”。在此后相当长的一段时间内，“礼教”不断被妖魔化，几乎到了人人喊打的境地。如果说新文化运动时期对传统之礼的批判还集中在知识分子提出的理论层面的话，此后的革命运动尤其是“文革”则把礼教砸得粉碎。[④]

5. 礼的复兴与现代转型

改革开放以后，礼育重新受到了党和国家的重视。1981年2月25日，全国总工会、共青团中央、全国妇联等九个单位联合发出《关于开展文明礼

---

① 高一品：《等级中构建秩序——儒家礼教思想发展演变研究》，《学理论》2014年第5期。

② 张锡勤：《中国近代思想文化史稿》（下卷），黑龙江教育出版社2004年版，第626~627页。

③ 陈独秀：《宪法与孔教》，《新青年》1916年第2卷第3号。

④ 勾承益：《传统礼教与现代中国的冲突》，见《新汉时代，与世界的沟通/战争与和平——第16届韩中教育文化论坛暨第4届世界汉语修辞学会年会论文集》，2014年，第47~48页。

貌活动的倡议》。该倡议提出，在全国人民特别是青少年中，开展“五讲”“四美”文明礼貌活动。“五讲”即讲文明、讲礼貌、讲卫生、讲秩序、讲道德，“四美”即心灵美、语言美、行为美、环境美。此后，这项活动又与“三热爱”（热爱祖国、热爱社会主义、热爱中国共产党）活动相结合，形成了人们所传诵的“五讲四美三热爱”经典口号。1995 年，中国共产党第十四届中央委员会第五次全体会议讨论制定的《中共中央关于制定国民经济和社会发展“九五”规划和 2010 年远景目标的建议》指出，要引导人们正确处理国家、集体、个人三者利益的关系，发展平等、团结、友爱、互助的新型人际关系，建立和推广尊老爱幼、敬师爱生等良好的礼仪制度。1996 年，《中共中央关于加强社会主义精神文明建设若干重要问题的决议》提出，要加强社会主义精神文明建设，并特别提到“加强青少年思想道德教育，是关系国家命运的大事”。2001 年，中共中央印发《公民道德建设实施纲要》，提出在全社会大力倡导“爱国守法、明礼诚信、团结友善、勤俭自强、敬业奉献”的基本道德规范。2004 年，中共中央、国务院颁发的《关于进一步加强和改进未成年人思想道德建设的若干意见》指出：“热爱祖国、积极向上、团结友爱、文明礼貌是当代中国未成年人精神世界的主流。”2010 年，为落实《国家中长期教育改革和发展规划纲要（2010—2020 年）》，教育部印发《中小学文明礼仪教育指导纲要》，要求在课堂教学、校内外活动、学校日常管理等方面进行文明礼仪教育。党的十八大以来，党和政府更是将礼仪教育与中华优秀传统文化教育融合到一起，大力推进礼仪教育。2014 年 3 月，教育部印发的《完善中华优秀传统文化教育指导纲要》指出，小学低年级学生要“初步了解传统礼仪，学会待人接物的基本礼节”，初中生要“参加传统礼仪和节庆活动，了解传统习俗的文化内涵”。2017 年 1 月，中共中央办公厅、国务院办公厅印发了《关于实施中华优秀传统文化传承发展工程的意见》，更是直接提出要“加强国民礼仪教育。加大对国家重要礼仪的普及教育与宣传力度，在国家重大节庆活动中体现仪式感、庄重感、荣誉感，彰显中华传统礼仪文化的时代价值，树立文明古国、礼仪之邦的良好形象”。需要明确的是，今天提倡的礼仪教育不是学习中国传统礼仪的全部内容，我们学习的现代礼仪应满足时代发展的新需要，以科学精神、民主思想和现代生活为基础，吸收反映时代发展的新形式，剥离传统礼仪文化中与现代社会不相适应的繁文缛节，展现新型社会关系和时代风貌。

三、礼仪的特点与功能

总结礼仪的特点能够让我们对如何开展礼仪教育有更加清晰的思路，梳理礼仪的功能可以让我们对开展礼仪教育的意义有更加深刻的认识，两者都是研究大学生礼仪教育的基础性工作，缺一不可。

（一）礼仪的特点

从不同的视角来看，礼仪具有不同的特点，从矛盾的对立统一性视角来看，礼仪具有传承性与发展性并存、共同性与差异性并存、约束性与自觉性并存三个特点。

1. 传承性与发展性并存

礼仪是一个国家、民族精神文化的重要组成部分，是一个民族经过数代人长时间积累、取舍而形成的文化观念，具有一定的稳定性。[①] 这也是礼仪具有传承性的重要条件。某种礼仪一经形成，便会保持长久的固定形态，比如中国传统的以左为上、以老为尊等。但这并不意味着礼仪会一成不变，经济基础决定上层建筑，随着时代的变迁，礼仪也会在传承的基础上推陈出新，发展出体现时代性的新内容。先秦儒家早就意识到这一点，“礼，时为大”（《礼记 · 礼器》）。孔子在回答其弟子子张所问今后十代的礼仪制度是否可以预知这一问题时，说：“殷因于夏礼，所损益，可知也。周因于殷礼，所损益，可知也。其或继周者，虽百世，可知也。”（《论语 · 为政》）殷礼继

---

① 袁林鹏：《礼仪教育：高校思想政治工作的切入点》，《当代青年研究》2009 年第 1 期。

承夏礼、周礼继承殷礼都有所损益，但一定会有所继承，因此即使以后一百代的礼，也是可以预知的。这就很好地解释了礼仪的传承性与发展性的关系。

礼仪就是这样在不断推陈出新中被充实、发展，进而适应时代的变化与发展。但需要明确的是，虽然礼仪的外在形式不断发展，但其内在的优秀精神品质值得我们永远传承。比如，现在我们的见面问候方式由作揖改为握手，节日问候方式由登门拜访改为短信、微信问候等，虽然礼仪的形式发生了很大变化，但这其中蕴含的对长辈的尊敬、对亲朋的关怀是不变的。

2. 共同性与差异性并存

礼仪是在一定时期内共同生活的全体成员共同遵守的行为守则，它需要全体成员共同接受和认可。在一定范围内，某种礼仪具有共同的象征意义，对所有成员都有普遍的约束性，这就体现了礼仪的共同性。即使在世界范围内，也存在着一些各国人民共同认可的礼仪规范，比如微笑是最好的通行证，尊重是共同的精神内核。但我们要看到，“十里不同风，百里不同俗”，受不同历史文化、生存环境的影响，各国、各民族之间的礼仪不可避免地具有一定的地域性、多样性、民族性。比如同样是竖大拇指，在中国表示“好、了不起”的意思，有赞赏、夸奖之意，但在澳大利亚则表示骂人。礼仪的多样性展示了不同民族多姿多彩、各具特色的礼文化。我们要学会入乡随俗，学会尊重文化的差异性。虽然各国、各民族之间的礼仪存在着差异性，但我们相信随着世界范围内的交流越来越广泛、越来越密切，世界通用的礼仪规范会越来越多，礼仪的共同性特点会越来越明显。

3. 约束性与自觉性并存

礼仪一经产生，便会对社会成员产生约束力，不按照社会公认的礼仪标准行事的社会成员会受到其他成员的道德评判。“礼者，法之大分、类之纲纪也。”(《荀子·劝学》)礼是行为规范的要领、具体准则的总纲，没有礼，用什么来端正人的身心呢？“礼者，所以正身也……无礼何以正身？”(《荀子·修身》)孔子提出“名不正，则言不顺；言不顺，则事不成；事不成，则礼乐不兴；礼乐不兴，则刑罚不中；刑罚不中，则民无所措手足”（《论语 · 子路》）。礼乐是百姓行为的规范，礼乐制度兴不起来，百姓就不知道怎么去放手足。智、不欲、勇、艺等都需要礼乐的修饰。孔子在回答子路关于成人的问题时，就说：“若臧武仲之知，公绰之不欲，卞庄子之勇，冉求之艺，文之以礼乐，亦可以为成人矣。”（《论语 · 宪问》）如果能够用礼来约束君子，就不会离经叛道，“博学于文，约之以礼，亦可以弗畔矣夫”（《论语 · 颜渊》）。因此孔子提出“非礼勿视，非礼勿听，非礼勿言，非礼勿动”（《论语 · 颜渊》）。但是礼仪没有法律的强制性，如果违反了礼仪，是很难受到强制性惩罚的。那如何让人们遵守礼仪呢？先秦儒家认为应该从加强自身修养入手，不断提高自觉性，“克己复礼为仁”（《论语 · 颜渊》）。这就要求人们将遵循礼仪规范作为自己的道德信念和行为修养准则，自我约束、克制，自觉遵守礼仪规范。遵守礼仪是君子内心的自我要求，“君子以仁存心，以礼存心。仁者爱人，有礼者敬人。爱人者，人恒爱之；敬人者，人恒敬之”（《孟子 · 离娄下》）。如果不按照礼仪说话办事，只能说是自暴自弃了，“言非礼义，谓之自暴也”（《孟子 · 离娄上》）。

（二）礼仪的功能

礼仪在中国传统社会中发挥了重要的作用，它既是维护国家统治的重要工具，又是进行社会教化的有效手段，更是文化传承的重要载体。

1. 制度规范功能

周礼是为维护宗法统治建立的一套国家典制和行为规范，具有浓厚的政治色彩。《左传》多次提到礼的政治作用，如“礼，国之干也”“礼，政之舆也”“礼，王之大经也”“礼，经国家、定社稷、序民人、利后嗣者也”。孔子之所以提倡礼育，也是看中了礼所规定的政治秩序和政治关系，因此他提出要“为国以礼”（《论语 · 先进》），“能以礼让为国乎？何有？不能以礼让为国，如礼何？”（《论语 · 里仁》）孔子致力于恢复“君君，臣臣，父父，子子”（《论语 · 颜渊》）的周礼。孟子同样强调礼的政治作用，“无礼义，则上下乱；无政事，则财用不足”（《孟子 · 尽心下》）。荀子认为礼是政治的引导者，“礼者，政之挽也”（《荀子·大略》）；认为礼义是治理国家的开端，“礼义者，治之始也”（《荀子·王制》）；认为礼能决定国家的命运，“国之命在礼”（《荀子·强国》）；认为礼是国家富强的根本，不以礼治国就会损害社稷，“礼者，治辨之极也，强国之本也……王公由之，所以得天下也；不由，所以陨社稷也”（《荀子·议兵》），“国家无礼则不宁”（《荀子·修身》）。由此可以看出，在中国传统社会中，制度规范功能是礼的首要功能。

2. 社会教化功能

教化是指用统治阶级的正统思想对教育对象进行有目的、有组织的理论灌输并使教育对象接受这些思想的一种教育方法。① 先秦儒家特别重视对民众的教化。孔子带领弟子去卫国时的对话就很好地体现了孔子的教化思想。“子适卫，冉有仆。子曰：‘庶矣哉！’冉有曰：‘既庶矣，又何加焉？’曰：‘富之。’曰：‘既富矣，又何加焉？’曰：‘教之。’”（《论语·子路》）孟子认为教化是统治阶级获得民心的有效方式，“善政不如善教之得民也。善政民畏之，善教民爱之。善政得民财，善教得民心”（《孟子·尽心上》）。先秦儒家把礼作为社会教化的重要手段，孔子提出“道之以德，齐之以礼，有耻且格”（《论语·为政》）。因此先秦儒家设计了一整套从国家典制到社会生活、从军旅战争到人生成长的礼仪规则，单是一部《仪礼》就记载了士冠礼、士昏礼、乡饮酒礼、乡射礼等十几种礼仪，《周礼·大宗伯》将礼分为吉、凶、军、宾、嘉五礼，正所谓“礼仪三百，威仪三千”（《礼记·中庸》）。在儒家的教育言论中，一举一动和一言一行都要合于礼。② 先秦儒家把礼作为社会运转的中心，把礼的精神贯穿于社会生活的各个领域，借助对礼的规范和践行，将儒家倡导的价值理念和道德规范传递到人民大众中，通

① 孙晓华：《从古代教化方法窥见其对当代思想政治教育的启示》，《学理论》2009 年第 25 期。

② 陈元晖：《中国教育学史遗稿》，北京师范大学出版社 2001 年版，第 77~78 页。

过教化，使人们认同主流意识形态，从而实现控制整个政治系统运转的目的。①

3. 文化传承功能

文化是维系一个国家和民族的精神纽带。在中国五千多年的文明史中，礼已经成为中华文化的象征符号。礼仪之邦是中国的世界形象，彬彬有礼是中国人高度认同的君子人格。礼不仅是道德规范的载体，更是文化传承的基因。礼在整个中国传统社会中发挥着不可或缺的作用，是传统社会正常运转的调节器，“夫礼者，所以定亲疏、决嫌疑、别同异、明是非也……道德仁义，非礼不成；教训正俗，非礼不备；分争辨讼，非礼不决；君臣上下，父子兄弟，非礼不定；官学事师，非礼不亲；班朝治军，莅官行法，非礼威严不行；祷祠祭祀，供给鬼神，非礼不诚不庄”（《礼记·曲礼上》）。先秦儒家特别重视礼育。孔子说：“不学礼，无以立。”（《论语·季氏》）“不知礼，无以立也。”（《论语·尧曰》）荀子认为“礼者，法之大分、类之纲纪也，故学至乎《礼》而止矣。夫是之谓道德之极”（《荀子·劝学》）。“故学也者，礼法也。”（《荀子·修身》）礼作为社会共同的行为规范和价值标准，规范并引导着人们的生活行为、伦理观念和价值体系。人们正是在各种礼仪、礼节、礼俗的浸染中，形成了对民族身份的认同，并不断传承中华优秀传统文化。

以孔子为代表的先秦儒家倡导的礼经过历史的积淀成为中华传统文化的重要内容，是中国文明的重要标志，是中华文化区别于西方文化的重要标志，是中国人的生存方式，是中华民族生命力和凝聚力的源泉之一。②

---

① 唐国军：《“修身”与“教化”：儒家思想政治教育体系论——儒家传统思想政治教育理论模式研究之一》，《广西社会科学》2007 年第 11 期。

② 张自慧：《礼文化与致和之道》，上海人民出版社 2012 年版，第 9 页。

第二节　大学生礼仪教育的内涵与目标

中国特色的大学生礼仪教育必然要传承和弘扬中华优秀传统礼文化，同时要体现当今时代发展的特色。大学生礼仪教育的内涵界定和目标设定既要兼顾历史，又要观照当下。

一、大学生礼仪教育的内涵

礼仪教育是礼仪与教育的结合体，从学科门类上来说，应该属于教育学的范畴。教育是人类社会特有的一种自觉地、有目的地促进人的发展的活动。其主旨在于以人为本，育人成人，培养人成为其所生存的那个时代的社会实践主体，促进人和社会的持续发展。有目的地培养人是教育的立足点，是教育的根本所在，是教育的本体功能。任何教育只有有目的地培养人，才能促进个人成长、服务社会发展。① 礼仪教育也不例外，其最终目的同样是培养符合社会发展需要的人，不同的是它把礼作为培养人、教育人的重要手段。

就目前国内的研究来看，学界对大学生礼仪教育的定义还没有形成共识。王贺兰认为，“所谓礼仪教育，是指根据社会交往活动中的礼仪规范，有目的、有计划、有组织地对受教育者施以全面系统的影响，使之掌握礼貌、礼节、交往程序等，学会表达尊重和敬意的活动”②。高媛媛、郭淑新虽未直接对礼仪教育给出定义，但她们对大学礼仪教育的界定同样具有参考

---

① 王道俊、郭文安主编：《教育学》（第七版），人民教育出版社 2016 年版，第 15 页。

② 王贺兰：《当代中国青少年礼仪教育的反思与建构》，河北师范大学 2010 年博士学位论文。

价值:“大学礼仪教育是指一定组织根据礼仪规范及道德建设发展的需要,有目的、有计划、有组织地对大学生的言行举止、内在素质进行必要的礼仪指导、修正和教育的社会活动。”① 还有人认为礼仪教育是一定社会集团根据礼仪规范的要求,有目的、有计划、有组织地对人们施加的系统道德教育活动。② 综上所述,研究者们都看到了大学生礼仪教育的目的性和计划性,但对其目的有不同的表述。笔者认为综合礼仪和教育的内涵,结合中国目前所处的发展阶段和礼仪教育的独特性,大学生礼仪教育应当是教育者根据符合时代发展要求的礼仪规范,有目的、有计划、有组织地向大学生传授礼仪知识,提升其礼仪素养,培养其礼义精神,增强其文明素质,培养符合中国特色社会主义事业需要的合格建设者和可靠接班人的活动。简言之,大学生礼仪教育就是以礼为核心,对大学生开展教育的活动,主要包括以下三个方面的内容。

(一) 遵规守纪教育

俗话说:没有规矩,不成方圆。要使学生明礼,首先就要有礼可循。在儒家设计的礼学体系中,礼制是针对国家、社会、个人的一整套名物制度和典章条文,包括国家典制、社会制度、礼器名物等,具有高度的规范性。整个国家、社会都在这套制度下运转,每一个体都按照这套制度生活。可以说,在中国传统社会中,儒家礼制渗透到了社会运转、个人生活的方方面面。对于大学生而言,大到国家的法律法规,小到学校的规章制度,都是大学生要遵循的礼制。这些礼制既展现了法律法规层面的硬约束,又蕴含着道德规范层面的软约束,是法治与德治的有机融合。在大学生中开展礼育既要开展法治教育,不断提升他们的法律意识,让其形成对法律规章的敬畏之心,又要进行社会公德教育,积极提升他们的道德水平,培养其遵守道德规范的自觉性。

---

① 高媛媛、郭淑新:《社会学视角下的大学礼仪教育新探》,《江淮论坛》2015 年第 2 期。

② 北京市东城区教育局编:《礼仪常识》,北京燕山出版社 1992 年版,第 5 页。

（二）行为规范教育

礼仪是礼的具体表现形式，是在人类文明发展过程中按照共同的伦理基础和价值原则逐渐形成的在各类社会活动中需要大家共同遵守的一系列行为规范，是人类社会属性的具体体现。礼仪包括礼节和仪式两个方面。礼节是指在人际交往中形成的表示尊敬、哀悼、祝颂等具体情感的惯用形式，是人际沟通的桥梁，是人际交往的必要形式。仪式是人们在共同参与某项对集体或个人具有重大意义的集体活动时需要遵守的程序和形式。礼节和仪式具有时空上的交叉性，尤其是在具体的行为过程中，很难做出明确划分。随着历史的发展，人们逐渐将两者并称为礼仪。在中国传统社会中，大到国家交往、战争祭祀，小到一个人的仰、卧、起、坐等，都有具体的礼仪规范，正所谓“礼仪三百，威仪三千”（《礼记·中庸》）。按照不同的分类标准，大学生礼仪大体应包括课堂礼仪、公共礼仪、交往礼仪、应酬礼仪、个人礼仪等。此外，还应包括在重要时间节点、重要场合举行的纪念性、象征性仪式（开学典礼、毕业典礼、成人仪式、升旗仪式等）礼仪等。

（三）礼义精神教育

当孔子的学生向他请教什么是“礼之本”时，孔子说：“礼云礼云，玉帛云乎哉？乐云乐云，钟鼓云乎哉？”（《论语·阳货》）孔子通过回答学生的问题，明确指出礼不只是“玉帛”“钟鼓”这些外在形式，更重要的是礼的精神实质，要把握“礼之本”。这里的“礼之本”指的就是仁、和、敬、谦等价值内涵，强调大学生对礼制、礼仪的学习，最终的落脚点就是让他们将礼制、礼仪等内化于行，培养其文明、平等、法治、诚信、友善等价值理念。只有强调传统礼仪对德性、修养的重视，才能使现代礼仪教育避免出现形式化、空壳化的危险，才能使现代礼仪教育成为内外并重的君子教育。① 大学生礼仪教育的重点应该是传递礼的价值内涵，通过深入挖掘礼仪背后的

---

① 张焕君：《制礼作乐：先秦儒家礼学的形成与特征》，中国社会科学出版社2010年版。

价值内涵，培养大学生的文明意识，提升其道德素养，引导他们成为中国特色社会主义建设的栋梁之材。

二、大学生礼仪教育的目标

高等教育的根本任务是立德树人，大学生礼仪教育同样应紧紧围绕这一根本任务，充分发挥礼仪教育规范行为、提升素养、构建秩序、稳定社会的功能，着力培养礼仪知识丰富、礼仪行为规范、礼仪素养较高、礼义精神完备的德才兼备、全面发展的人才。大学生礼仪教育的目标具体应包括以下几个方面。

（一）全面掌握礼仪知识

知礼是行礼的前提。大学生礼仪教育应通过课堂教学、社会实践、社团活动等多种方式让大学生学习和掌握日常生活礼仪、公共礼仪、交往礼仪、商务礼仪等现代社会礼仪常识；要将中国传统礼仪知识作为重要教育内容，让学生了解中华传统礼仪文化，树立文化自信，自觉传承中华优秀传统文化；还要将涉外礼仪纳入教学内容，让学生了解各国不同的礼仪规范，引导学生树立全球化思维模式。

（二）言行符合礼仪规范

礼仪学习的重点在于应用。大学生的日常行为是否符合礼仪规范是衡量大学生礼仪教育效果的重要标准。大学生通过学习礼仪知识，应该基本做到具有良好的个人形象，掌握为人处事的原则和技巧，具备良好的人际沟通能力，让自己的言行符合礼仪规范，基本做到“非礼勿视，非礼勿听，非礼勿言，非礼勿动”（《论语·颜渊》）。礼仪是展现大学生文明素质的重要方式，礼仪教育是培养和提升大学生文明素质的有效途径。大学生礼仪教育旨在让其将外在礼仪规范内化为自身素质，一言一行体现出较高的文明素质，在家庭、校园等场所做到言行文明、举止优雅，展现大学生应有的良好精神风貌。

（三）自觉践行礼义精神

仁、和、敬等礼义精神是中华优秀传统文化的重要组成部分。学习和践行礼仪是培育和践行社会主义核心价值观的有效途径。大学生礼仪教育旨在让其理解礼仪背后的礼义精神，主动传承温良恭俭让、尊师敬长、仁爱忠孝、修身齐家治国平天下等中华优秀传统，自觉提升自身道德品质，形成正确的世界观、人生观、价值观，争做爱国、敬业、诚信、友善的新时代青年。

第三节　大学生礼仪教育的必要性

为更好地说明礼仪教育的必要性，笔者对上过礼仪课程或参加过礼仪培训等活动的30余名大学生进行了访谈。通过对访谈结果的分析可以看出，开展礼仪教育是在大学生中传承和弘扬中华优秀传统文化的必然要求，是培育和践行社会主义核心价值观的有效途径，是提升大学生思想品德修养的重要手段，能够有效引导大学生坚定文化自信，做德智体美劳全面发展的中国特色社会主义事业的建设者和接班人。

一、大学生礼仪教育的作用访谈

在大学生中开展礼仪教育到底有没有必要？礼仪教育对大学生有哪些作用？上过礼仪课程或参加过礼仪培训等活动的同学会发生哪些变化？只靠理论的分析很难得出令人信服的结论。为更深入、更直观地说明这几个问题，笔者对17名上过礼仪课程的同学、11名参加过短期礼仪培训班的同学、9名大学生礼仪队成员进行了访谈，以了解礼仪学习给他们带来的变化。本书中不体现被访者的姓名，以“学生+编号”的形式代之。

（一）上过礼仪课程的大学生访谈

学生1：老师的充分准备和详细讲解让我发现了自己以前从未了解和意识到的问题。让我印象最为深刻的是仪表礼仪。在实践课程中，尽管老师对我们这一组进行了表扬，但我从自己身上发现了不少问题，比如有时候含胸低头、不够自信等。虽然每天靠墙站没有坚持下来，但每次走路时我都会注意别再出现上述问题，我认为这一点确实对我的改变挺大。除此以外，在每次离开座位时，我也会多加注意起来时的姿势，而不是一股脑地就站起来了；平时的站姿也有所改变。整个人的气质有所提升。

学生2：对我影响比较大的是语言礼仪和着装礼仪。在现实生活中，我并不是一个会说话的人，更多的时候是一言不发地倾听他人说话。通过老师的讲解，我逐渐意识到这并不是一种有效的倾听方式。着装礼仪方面的知识对我的影响就更大了。对于曾经是西装“小白”的我来说，衬衣的袖口需不需要露出、要露出来多少、哪些口袋不能装东西、哪些人可以戴领结、西装合身的标准是什么、领带如何搭配等一系列问题，我都一概不知。虽然目前掌握的内容并不是很多，但我至少不是西装“小白”了。我也更愿意去为爸爸选择适合他且适合不同场合的西装了。在平时的休闲服装搭配方面，我也没有那么迷茫了，身边的同学朋友们也夸我最近的穿搭有不小的提升呢。

学生3：让我印象十分深刻的是职业礼仪。虽然现如今还没有进入职场，但老师讲的那些“干货”绝对要牢记在心，以免在将来的面试中出现不必要的错误。

学生4：通过礼仪学习，我意识到在今后的学习生活中要不断提醒自己，给予他人和自己方便，要学会如何与人相处、如何做文明人，学会遵循相互尊重、诚信真挚、言行适度的原则，建立良好的人际关系，提高自信心和自尊心，降低挫折感，缓解内心的冲突和苦闷等。在此基础上，努力引导全体公民自觉遵守社会主义道德规范以及相应的社交礼仪，提高文明意识，养成文明行为习惯，促进良好社会风尚形成，促进整个社会精神文明程度的提高，进而使社会和谐有序。

学生5：学习礼仪非常必要。在学习的过程中，我发现自己在礼仪方面还存在许多不足，还有很多细节没注意到。比如，在与教师交往中，上课迟到了没喊报告，没有经过老师允许就擅自推门而入；对老师的相貌指指点点；请教老师问题时没有注意礼节，请教态度不够谦虚，随意打断老师的讲述，反问和质问老师等。在与同学的交往中，不主动与同学打招呼，不尊重同学；在同学面临困境时，没有伸出援助之手；对同学的相貌、体态、衣着品头论足；给同学起绰号，乱开同学玩笑等。刚开始学习礼仪时有点不适应，觉得这些礼仪很繁琐，在生活中也用不到，但是听了老师的讲解，我觉得礼仪在以后的生活工作中有很大用处。这些礼仪既为人们所认同，又为人们所遵守。简言之，礼仪就是人们在社会交往活动中应共同遵守的行为规范和准则。

学生6：大学生礼仪知识公选课内容丰富，从个人基本礼仪（包括坐、立、行、仪表等）到社交礼仪和职业礼仪。通过学习，我注意到了平时不曾注意到的细节，发现原来一个人注重礼仪和不注重礼仪的差别竟然如此之大，给人的感觉也是天差地别。学习社交礼仪使我懂得了如何与他人建立良好的人际关系、如何营造和谐的氛围，有利于个人身心健康成长。从个人修养的角度来看，礼仪教会我以尊重、友好的态度与人交往，教会我更好地与别人沟通。

学生7：就个人礼仪而言，我在学习后才恍然大悟，才意识到个人礼仪对自己的重要性，良好的礼仪会使人更有朝气、成熟稳重。我也懂得了如何提升自己的个人礼仪水平，知道要符合礼仪的各方面要求，但我还有很大的差距，我有信心学好，并很快运用到实践中。我也意识到不注重礼仪会对自己造成负面影响。一个人若连坐立行的姿势都不注意，就会显得毫无精神、无向上之心，谁愿意与这样的人交往？

学生8：在学习各种交际礼仪和公共礼仪时，要注重培养自己的心态，让自己做到泰山崩于前而不惊；要时刻尊重他人，在交往中保持真诚，因为只有自己尊重他人，他人才会尊重自己。在学习中，要强化自律意识，提高学习效果；要端正思想态度，提高自身道德修养；要讲究学习方法，提高自身礼仪水平；要注重学以致用，提升个人形象。

学生 9：在上基本礼仪实践课的时候，最初的感受是好玩，可是经过站姿、走路等训练，我突然意识到气质的可贵。我觉得我应该改变自己，提升自己的气质。如果说素质是最基本的，是每个人都必须具有的，那么气质是特殊的，是每个人所独有的。我有一个高中同学是学舞蹈的，不仅人长得好看，而且特别有魅力。我以前认为像我这种人可能永远不会有这种气质。可是在礼仪课上学到的知识改变了我的看法，我们并不一定需要会舞蹈或琴棋书画，可以通过日复一日的站姿以及其他训练提升自己的气质。此外，我认为学习礼仪有利于增加自信与勇气。在实践课上进行走姿训练时，最初心情很忐忑，害怕走时同手同脚，害怕被嘲笑，可是迈出第一步时，又感觉一瞬间什么都忘记了。

学生 10：就我个人而言，我最为关注的还是日常生活方面的礼仪。我身边的人和事无时无刻不在提醒着我，我们还有很多东西需要学习。在大学校园里，让我印象深刻的是上课时桌洞里留下的早餐剩饭、卫生纸，甚至还有瓜子皮。最初看到的时候，我是震惊的，因为我没有想到大学生会做这样的事情，连小学生都知道的道理，一些大学生反倒遗忘了。我们上大学的意义何在？在大学里学习不仅要学习文化知识，更重要的是要提升个人能力，其中就包括个人素质。我认识到了礼仪的重要性，但是其他大学生呢？难道他们要带着这种坏习惯过完一生吗？中华优秀传统文化不应该在我们这一代消亡，我们要做的就是将其传扬下去。

学生 11：通过学习，我更加深刻地懂得了礼仪在生活中的重要性，更加清楚地明白了礼仪的深邃内涵。对个人来说，礼仪是外部形象和内在素质的集中体现，礼仪既是尊重他人的体现，也是尊重自己的体现，在个人的成长发展中有着十分重要的作用。良好的礼仪有利于建立融洽的关系，有利于树立良好形象、营造和谐的工作和生活环境。良好的礼仪还能够提升人的涵养，增进彼此间的了解，在细微之处更显真情。礼仪在日常生活中无处不在，但又容易被我们忽略。所以学习和运用礼仪要注重实践，注重细节，从小培养，养成良好习惯。

学生 12：礼也者，犹体也。礼仪是一个人思想道德水平、文化修养等的实际体现。希望自己可以通过学习这些礼仪知识，努力向完美靠近，活得更精致、更自由。

学生 13：今年春，我参加了教师资格证面试。但是在准备阶段，我就遇到了一些困难：我应该穿什么样的西装，西装怎样才算合身，穿什么样的衬衣，搭什么样的鞋子、配饰。到了考场，听到有报辅导班的考生讨论应该如何进门、该怎样问好，我突然慌了神，我什么都不知道，我有可能因为不懂得一些礼仪而没有机会展示我在大学里学到的知识！我今年大四，要上课，要准备考教师资格证，要准备找工作，我本来可以选择一门网课，轻轻松松就可以把学分拿到手，但我还是选择了这么一门实践课，因为我意识到了礼仪的重要性。

学生 14：在我看来，大学生礼仪这堂课应该是一门占较重分量、需要严格考核的必修课，而不应该只是一门选修课。因为大学生不只是一名学生，更是一名准社会人，我们不仅是一个独立的人，更是一个社会的人。

学生 15：礼仪在日常生活中无处不在，但又容易被我们忽略。学习和运用礼仪要注重实践，注重细节，养成良好的习惯。具体来说，个人要注重仪容仪表、待人接物、礼节等。礼仪贯穿于日常生活的点滴之中，穿衣、打招呼、递名片、入座、握手等司空见惯的行为也有很多的学问与规矩。在日常生活中，我们不经意间做出的动作可能是不符合礼仪要求的。虽然我们自己没有意识到，但这些被人们认为不足挂齿的小事能体现出一个人的涵养。通过学习，我意识到平时忽略的这些小问题往往会带来很大的负面影响。

学生 16：礼仪课表面看上去很简单，但要在日常生活、工作中应用得好是相当不容易的。尽管礼仪课的学习时间只有几周，但老师授课的内容对我的帮助非常大。我认为如何把它应用到实际中，如何在日常生活和社会交往中表现得仪态大方、彬彬有礼，才是我们学习这门课程的意义。

学生 17：这门课程包含了各种场合的礼仪知识。老师给我们讲授了现代职业礼仪，以及日常生活、工作等不同场合的社交礼仪，还有个人姿态形象等。我们要牢记这些理论并一点点地实践，慢慢地把这些理论应用到日常生活中，内化于心，外化于行。久而久之，这些礼仪就成了我们的行为习惯，我们自然而然地就会成为一个遵礼守礼、具有较高修养的人。

（二）参加过短期礼仪培训班的大学生访谈

学生 18：参加培训之前，我对“礼仪”的理解大都停留在外在层面。那时的我甚至没有认真思考过礼仪的真正含义。然而，正如老师在培训中所传达的一样，礼仪不仅仅是外在的礼貌、礼节，更是发自内心的素养和对他人的尊重。内外并重才是我们追求的目标。

学生 19：这是一场从外至内的修行。从一开始抱着试试看的态度报名，到两轮面试的慢慢较真，我发现自己已经爱上这个临时的班级，并把课余时间优先分配给这个培训课，希望有一天能成为像老师一样气质非凡的女子。

学生 20：走过红毯的一刹那，心中满是欢喜。我从未想过自己会走红毯，而且还是在大学毕业前。此刻，充满了不舍，不舍它就这么结束了；充满了感恩，感谢它给我这么一个机会，能让我如此深刻地学习礼仪和人际交往知识。

学生 21：五天的培训转瞬即逝，这五天来，我最想说的就是感恩。说到礼仪知识，我以前知道的很少，但在这个培训班上，我终于学到了礼仪的核心、灵魂。我曾经以为礼仪只是一种礼貌，现在才明白礼仪更是一种理念——尊重。

学生 22：在这个短期培训班中，我收获了很多。除了外在的改变，我也更加懂得了换位思考、推己及人的道理。在这个班里，我认识了一群有着同样志向的朋友。我们一起学习、交流，欣喜地看着自己和其他人的进步。感谢培训活动为我带来的一切，这些将使我受用终身。

学生 23：原来礼仪不只是为了让自己满意、让他人欣赏，更重要的是体现对他人的尊重。递接物品用双手、见面打招呼、接电话有礼貌、开门等一下后面的人、乘扶梯站右边等，这些都是对人（无论是眼前的人还是可能出现的人）的尊重。恍然大悟、醍醐灌顶是我最深刻的感受。

学生 24：很多时候，一个完美的计划比不上一次偶然的机会，比如这次的礼仪培训班。作为少数民族的一员，我对自己民族的礼仪比较了解，但是对整个中国的礼仪文化了解较少。这次培训让我对中国礼仪文化有了更深、更全面的了解，对礼仪之邦有了更好的理解。

学生 25：去年,我观摩过“德礼相济·博雅修身”大学生礼仪素养提升工程知识竞赛暨结业典礼。那时，我就被这个项目内在的魅力感染。“博我以礼，约我以行”的儒雅打动了我。今年，“德礼相济·博雅修身”大学生礼仪素养提升工程又一次向我招手。我毫不犹豫地报名并很荣幸地成为训练营的一名学员。

学生 26：说到礼仪知识，我曾经在全运会接受过系统的礼仪培训，但是在这里，我终于学到了礼仪的核心、灵魂。我曾经以为礼仪只是一种姿态，通过学习，我终于明白礼仪是一种理念——尊重。我们学习礼仪是为了更好地尊重别人，最优雅的不仅是你的一举一动，而是你做每一件事所体现出的尊重。

学生 27：学习礼仪时，我学到的不仅是礼仪常识，更是在人际交往中对对方发自内心的尊重；学习形象管理时，我学到的不仅是外在形体的修饰，更是由内而外地展现自信、大方的气质。博雅修身，修的是身，更是心，帮助我走向自信、走向成熟。

学生 28：本学期能够参加这个礼仪培训活动，我感到无比荣幸。因为这个活动对我今后的生活也会有深远影响。它不仅告诉我当今大学生应该拥有怎样的思想道德水平、文化修养，也告诉我应该怎样更好地立足社会、适应社会。一直以为自己是个懂礼仪、讲礼貌的人，一直以为自己的言行举止都还不错，但参加培训后，我不得不对自己进行反思。

（三）大学生礼仪队成员访谈

学生 29：学习礼仪能让我们更加自信、更有气质，能让我们的行为举止更加得体。参加礼仪活动不仅能增强我们的自信心，还能增强我们的胆量。

礼仪文化非常重要，对我们的学习生活等都很有帮助。我们应该重视起来，认真学习礼仪文化。通过参加礼仪队，我的气质得到提升。现在，我走路时抬头挺胸收腹，更有自信了，比其他同学的举止更加得体。

学生 30：具备良好的礼仪素养有助于提升个人素质，良好的礼仪形象能为我们做好业务锦上添花。礼仪既是严格要求自己的言行举止，更是对他人的一种尊重。通过两年的礼仪队训练，我觉得自己的气质提升了，让人感到可亲、可敬、有魅力。与不参加礼仪训练的同学相比，我认为我更加自信。

学生 31：参加礼仪训练以后，我真的发现注重礼仪培养是一件非常重要的事情。一个人的行为举止是别人了解你的最直观形式。学习礼仪知识和进行礼仪训练不仅让我的形体更加优雅，平常的走姿与坐姿更加规范，也让我在日常人际交往中的行为举止更加得体。总之，礼仪学习给我带来了很多收获。和未参加过礼仪训练的同学相比，我在言行举止方面更加规范，在待人接物的礼仪方面也做得更好。

学生 32：虽然参加礼仪训练很辛苦，要注重的细节很多，但是礼仪作为一个人自身素质的体现，进行礼仪训练是非常有必要的。礼仪训练使我对礼仪有了一定的了解，有利于提高自身素质，正所谓“不学礼，无以立”。学习礼仪有利于更好地树立自身形象，在与人交往中给人留下美好印象。礼仪在日常生活中无处不在，但又容易被我们忽略，所以学习礼仪要注重实践、注重细节。礼仪代表的不仅是个人的形象，更是学校的形象，所以说礼仪训练是非常有必要的。通过学习，我对礼仪有了初步了解，最明显的变化就是改变了自己驼背的不良习惯，提高了自身素质；其次便是内在的变化，提高了自身气质和内在修养。学习礼仪也提高了我的交际能力，使我能更好地与同学交流。学习礼仪也锻炼了我的耐力，使我能够更好地处理问题。

学生 33：通过学习，我了解到更多关于礼仪的知识。这不仅有利于我们做好平时的礼仪工作，更规范了我们的日常行为。礼仪让我们的生活更加规范和美好。通过礼仪学习，我用礼仪规范自己的言行举止，走路时抬头挺胸，坐姿也更加规范，提升了自身的气质。通过参加日常礼仪活动，我得到了锻炼，提高了随机应变的能力。与其他同学相比，我在人际交往中更加自信，更加有分寸。

学生 34：通过学习礼仪，我觉得自己在气质和为人处事方面有了很大的进步，自身的修养素质也提高了。与未参加礼仪队的同学相比，我体验到了更加丰富的校园生活。

学生 35：未参加礼仪训练之前，我认为学习礼仪是一件十分容易的事情，认为只需要站直、保持微笑就可以。但学习过之后，我才明白礼仪并没有我想象的那么简单，比如站立时，有一些手势问题也需要注意，需要两手交叠置于肚脐周围，两腿要直，一脚前一脚后。我觉得我变得更有自信了，虽然站在舞台上只是做礼仪工作，但也提升了自己的胆量。我觉得礼仪学习有利于提升气质。

学生 36：作为正值青春的学生，我相信每个人都希望自己不仅能拥有较好的外表，而且具有吸引人的魅力和优雅的气质。参加礼仪训练是提高气质的最直接方式。通过将近两个学期的礼仪学习，我觉得自己更加自信了，自律意识也增强了，但我深知自己在礼仪方面还存在许多不足。与其他未参加礼仪训练的同学相比，我们更能注意自己的一言一行，会努力把自己好的一面展示给大家。

学生 37：通过礼仪训练，我对仪容仪态、举止、迎宾等都有了一定的了解，对做好礼仪工作有了更大的信心。我在言行举止上有很大变化，比如走路更端正、站姿更优美、待人处事更有礼貌。与未参加礼仪训练的同学比，自己待人更有礼貌，遇到事情能从容面对，言行举止更得体。

通过访谈可以看出，很多学生在选择礼仪选修课的时候，是抱着好玩、好奇、好拿学分等心态的，但是通过较为系统的礼仪知识学习后，他们会发生很大的变化。

第一个变化是思想认识上的变化。通过学习，同学们普遍对礼仪有了较为深刻的认知和理解，认识到了学习礼仪的重要性和必要性。

第二个变化是学会了尊重。同学们在谈到学习礼仪的感受时，普遍认为礼仪让自己学会了尊重。通过礼仪学习，他们认识到了礼仪的基本原则是尊重，从师生之间的相互尊重开始，延伸到与其他人交往中的相互尊重。

第三个变化是更加注重自律和自我约束。同学们开始关注自身细节上的不足并逐步改进，比如与人交流时的语音语调、面部表情等。高年级学生开始关注商务礼仪、交往礼仪等。

第四个变化是更加注重树立良好的自我形象，自信心得到有效提升。通过系统的礼仪知识学习，大学生对如何树立良好形象、如何展示自我有了理论基础，心里会更加自信，表现在行为上就会非常有底气，处理问题、参与活动等就会更加从容。

二、大学生礼仪教育的作用分析

（一）有利于传承和弘扬中华优秀传统文化

中华民族五千多年文明史所孕育的中华优秀传统文化博大精深、源远流长，是中国特色社会主义文化的重要来源。树立中国特色社会主义文化自信，建设社会主义文化强国，必须深入了解中华优秀传统文化。礼仪文化作为中华传统文化的重要组成部分，在中国社会历史发展中产生了广泛而深远的影响，其内容十分丰富。中国传统礼仪涉及的范围十分广泛，几乎渗透于传统社会的方方面面。礼是中华传统文化的重要内容之一，它通过固定的礼仪、礼节等程式化的规范，无论是对中国传统知识分子还是对普通民众，都产生了重要影响。在漫长的中国传统社会中，重礼仪、遵礼仪、行礼仪已内化为民众的自觉意识而贯穿于其心理与行为活动中。礼是中华传统文化传承的重要载体。时至今日，礼仍然深刻而广泛地影响着中国民众的思维方式和行为习惯。

礼从产生之初就与国家制度融合在了一起。被孔子奉为圭臬的《周礼》本身就是一部关于礼的国家制度的经典。礼是先秦儒家学校教育的必备内容。中国传统社会形成了以《诗》《书》《礼》《易》《乐》《春秋》为主、以礼为核心的政教合一的教育体系。礼是儒家倡导的伦理原则的具体体现。

先秦儒家将其具化为日常行为准则。人们的一言一行都在礼的规范之中。

礼在整个中国传统社会中发挥着不可或缺的作用，是传统社会正常运转的调节器。礼在中华民族精神和中国社会政治中有着独特的、极其重要的文化意义。离开了礼，中华传统文化尤其是儒家文化也就失去了内核与依托。实现中华优秀传统文化的创造性转化和创新性发展无法回避对礼的融合创新、改造发展。

积极开展大学生礼仪教育，对传承和弘扬中华优秀传统文化、增强大学生的民族认同感有着重要作用。在大学生中开展礼仪教育，引导当代大学生认真学习礼仪知识，能够让大学生更加深入地把握中华优秀传统文化的精髓所在，使他们深切体会到作为中华儿女的民族自豪感，进而主动传承和弘扬中华优秀传统文化，成为一个有修养、讲文明的中国人。

（二）有助于培育和践行社会主义核心价值观

习近平总书记在北京大学师生座谈会上说："中华文明绵延数千年，有其独特的价值体系。中华优秀传统文化已经成为中华民族的基因，植根在中国人内心，潜移默化影响着中国人的思想方式和行为方式。今天，我们提倡和弘扬社会主义核心价值观，必须从中汲取丰富营养，否则就不会有生命力和影响力。"中华优秀传统文化是社会主义核心价值观的文化基础和重要源泉，脱离文化传统的价值观是没有生命力可言的。中华优秀传统礼文化蕴含的礼制、礼仪、礼义等对培育和践行社会主义核心价值观具有积极的借鉴作用。礼制教育从国家的典章制度出发，提出了为政之德；礼仪教育从人们的日常行为规范出发，提出了社会之德；礼义教育从个人品格要求出发，提出了为人之德。先秦儒家礼育思想之所以能够产生如此深远的影响，一个重要的原因就在于先秦儒家将抽象的道德要求和价值观念具体化为国家的典章制度、社会的伦理原则和个人的行为准则。习近平总书记在十八届中共中央政治局第十三次集体学习时的讲话中指出，"一种价值观要真正发挥作用，必须融入社会生活，让人们在实践中感知它、领悟它"。要利用各种时机和场合，形成有利于培育和弘扬社会主义核心价值观的生活情景和社会氛围，使社会主义核心价值观的影响像空气一样无所不在、无时不有。

礼具有突出的规范性、实践性和日常性。规范性有利于操作，实践性有利于礼融入大众生活，日常性能够使礼常用不辍。它所蕴含的突出的教化功能能够引领正确的价值方向，它的作用路径和方法为培育和践行社会主义核心价值观提供了借鉴和参考。要使广大人民群众自觉践行社会主义核心价值观，就要把抽象的理论具化为民众的日常行为规范。礼在传播主流价值观中具有的重要载体功能已经被历史证明。在引导广大民众践行社会主义核心价值观的过程中，建立和完善礼仪制度，组织开展形式多样的纪念庆典活动，能够有效增强人们的认同感和归属感。礼具有约束、调节和控制功能，能使人民成为具有完善人格的合格公民，能使社会成为安定和谐的社会，能使国家成为稳定有序的国家。礼渗透到日常生活中，能够让每个人在和风细雨中认知、认同社会主义核心价值观，能让人们在潜移默化中受到熏陶感染，从而自觉把社会主义核心价值观内化为自身的精神追求。① 在大学生中开展礼仪教育，能够让学生们在学习礼仪知识、践行礼仪规范中自觉培育和践行爱国、敬业、诚信、友善等社会主义核心价值观的具体要求，能够为其成长为中国特色社会主义事业合格建设者和可靠接班人提供有效路径。

（三）有益于提升大学生的思想道德修养

礼仪是社会成员行为的基本准则。人们的行为是否符合礼仪规范能够深刻反映其是否具有良好的思想道德修养。礼仪的出现是人类文明不断发展的结果。“今人而无礼，虽能言，不亦禽兽之心乎？夫唯禽兽无礼，故父子聚麀。是故圣人作，为礼以教人，使人以有礼，知自别于禽兽。”（《礼记·曲礼上》）“故圣人化性而起伪，伪起而生礼义。”（《荀子·性恶》）谦和有礼、懂得退让是中华传统文化所推崇的待人接物、安身立命之道，也是个人思想品德修养的重要体现。先秦儒家所说的礼就是一种需要全体民众遵守的行为

---

① 韩云忠、王丕琢：《礼乐文化精神与社会主义核心价值观》，《理论月刊》2013 年第 8 期。

规范，具有突出的道德教化功能。“道德仁义，非礼不成；教训正俗，非礼不备；分争辨讼，非礼不决；君臣上下，父子兄弟，非礼不定；宦学事师，非礼不亲；班朝治军，莅官行法，非礼威严不行；祷祠祭祀，供给鬼神，非礼不诚不庄。是以君子恭敬、撙节、退让以明礼。”（《礼记·曲礼上》）当前，社会中仍然存在各种无礼现象，如无视交通规则、在飞机上大打出手、在公共场合大声喧哗……究其原因，就是人们的个人文明修养有限、素质不高。正如荀子所言，“人无礼义则乱，不知礼义则悖”（《荀子·性恶》）。礼仪具有事前预防的特点，以规劝、训导作为实现规范的正面手段，使人们从内心深处自觉接受礼的要求、服从礼的规范，在一举一动中践行道德规范。正如孔子所言，“道之以政，齐之以刑，民免而无耻。道之以德，齐之以礼，有耻且格”（《论语·为政》）。仅靠严苛的政令、刑法来治理百姓，虽然可以让百姓出于害怕的心理而免受惩罚，但缺乏遵守法规的自觉性；用道德引导百姓，用礼制去教化约束百姓，能促使百姓把遵纪守法内化为自觉行为。先秦儒家通过学校教育、环境熏陶、舆论引导、生活应用等多种礼育渠道将礼所蕴含的价值观渗透到社会的每一个角落。礼育不仅仅是让人们学习典章制度、礼节仪式，更重要的是通过学礼让人们形成仁爱和谐的高尚人格，进而创造文明和谐的人类社会。“礼义之始，在于正容体，齐颜色，顺辞令。”（《礼记·冠义》）“礼义之道，然后出于辞让，合于文理，而归于治。”（《荀子·性恶》）明礼守礼之人具有良好的道德修养和优雅的行为举止，具有行止有度、和而不同的高贵品质。“君子博学于文，约之以礼，亦可以弗畔矣夫！”（《论语·雍也》）“孝子之有深爱者必有和气，有和气者必有愉色，有愉色者必有婉容。”（《礼记·祭义》）由此可以看出，礼是一种发乎内、显乎外的修养气质，世代相传的礼文化塑造了中国礼仪之邦的良好形象。在中国传统社会中，礼是君子的必修内容。随着当代社会的发展和教育的普及，礼应当也必然要成为所有受教育者的必修课。一个人的言谈举止、仪表服饰等都能反映出他的思想修养、文明素质。在大学生中开展系统的礼仪教育，使其掌握基本的礼仪规范，用内在的礼义精神约束、规范自己的行为，把内在的道德品质和外在的礼仪形式有机统一起来，形成较高的思想道德素养。

思想政治教育不能仅停留在知的层面，关键还要落实到行的环节。加强实践是大学生思想政治教育必须高度重视的环节。礼仪教育可以把大学生思想政治教育的要求和规范具体落实到学生的言行中，把这些规范和要求渗透到学生的日常学习生活中，不断促进学生道德行为的养成，促进良好道德品质的形成。比如，上课铃声一响，老师走上讲台，班长喊："起立。"然后同学们一起喊："老师好!"老师则微笑着说："同学们好！请坐下。"这个简单的仪式所展示的内涵其实并不简单。这一方面体现了学生对老师的尊重；另一方面也体现出教学是一件神圣的事情，体现了课堂的庄严感。在礼仪实践中，由礼仪认知到礼仪行为，由礼仪行为到礼仪情感，由礼仪情感升华为道德认同，道德认同又反过来促进礼仪行为升华为道德行为。礼仪教育将大学生的思想认识与日常言行相结合，构建外在规范与内在品格相结合的道德修养提升机制，能够有效提升大学生的思想道德修养。大学生礼仪教育就是要教育、引导全体大学生自觉遵守社会主义道德规范以及相应的礼仪形式，自觉践行社会主义核心价值观，自觉做到热爱祖国、爱岗敬业、诚信做人、亲和友善。这有利于良好社会风尚的形成，有利于提高社会文明程度，有利于推动中国特色社会主义精神文明建设。

第二章

大学生礼仪教育
存在的问题、原因与解决思路

大学生礼仪教育对高校人才培养、中国特色社会主义建设具有重要意义。但不可否认的是，当代大学生礼仪教育是存在问题的，最为直观的体现就是大学生的礼仪素养仍有待提升。除了这个，还有没有其他问题？为什么会出现这些问题？如何解决这些问题？这是大学生礼仪教育研究必须予以回应的。

第一节 大学生礼仪教育情况调查

为了更加真实地了解大学生礼仪素养和礼仪教育的现状，笔者设计制作了大学生礼仪教育情况调查问卷（分为教师卷和学生卷），通过问卷星网站，采用网络问卷的方式进行调查。本次调查从师生对比的角度按照大学生礼仪素养和大学生礼仪教育两个维度展开，调查范围广、样本数量大，基本能够真实反映当前大学生礼仪教育的现状。

一、调查对象基本情况

本次调研范围限定在中国内地，调研对象为156所高校的902名教师和111所高校的4127名学生。他们的基本情况如表2-1至表2-7所示。

（一）参与调查的教师基本情况

表2-1 参与调查的教师性别比例

选项	小计	比例
A. 男	359	39.8%
B. 女	543	60.2%
本题有效填写人次	902	

表 2-2　参与调查的教师学校层次结构

选项	小计	比例
A. 985、211 等一本院校	232	25. 72%
B. 二本院校	490	54. 32%
C. 三本院校	49	5. 43%
D. 高职高专院校	110	12. 2%
E. 其他	21	2. 33%
本题有效填写人次	902	

表 2-3　参与调查的教师职称结构

选项	小计	比例
A. 正高	70	7. 76%
B. 副高	217	24. 06%
C. 中级	411	45. 57%
D. 初级	204	22. 62%
本题有效填写人次	902	

表 2-4　参与调查的教师年龄结构

选项	小计	比例
A. 30 岁以下	226	25. 06%
B. 30~40 岁	433	48%
C. 40~50 岁	178	19. 73%
D. 50 岁以上	65	7. 21%
本题有效填写人次	902	

（二）参与调查的大学生基本情况

表 2-5　参与调查的大学生性别比例

选项	小计	比例
A. 男	1817	44.03%
B. 女	2310	55.97%
本题有效填写人次	4127	

表 2-6　参与调查的大学生学校层次结构

选项	小计	比例
A. 985、211 等一本院校	1040	25.2%
B. 二本院校	1865	45.19%
C. 三本院校	255	6.18%
D. 高职高专院校	921	22.32%
E. 其他	46	1.11%
本题有效填写人次	4127	

表 2-7　参与调查的大学生年级结构

选项	小计	比例
A. 大四	332	8.04%
B. 大三	903	21.88%
C. 大二	957	23.19%
D. 大一	1935	46.89%
本题有效填写人次	4127	

二、大学生礼仪教育情况调查分析

（一）大学生自身礼仪素养情况分析

大学生自身对礼仪的认知和践行情况是衡量礼仪教育效果的重要标准。从调查结果来看，当代大学生礼仪素养的基本情况是好的。比如，分别有 41.73%和 26%的大学生在见到老师时会经常和每次都打招呼，分别有 38.69%和 10.42%的老师认为学生大部分会和每次都会给自己打招呼；分别有 56.07%和 28.28%的大学生经常和每次都会使用“您好”“谢谢”“对不起”这类礼貌用语；59.51%的大学生表示自己从不闯红灯；分别有 43.3%和 39.04%的大学生表示坐公交车时经常和每次都会给老人让座。但通过表 2-8 至表 2-10 可知，同时存在以下问题。

表 2-8　“大学生的礼仪素养”师生评价对比表

类别	选项				
	非常不好	不太好	一般	比较好	很好
大学生	1.55%	2.62%	36.30%	46.16%	13.38%
教师	2.55%	22.51%	49.33%	23.17%	2.44%

表 2-9　“是否关心和在意自己的礼仪表现”师生评价对比表

类别	选项				
	从不关心	不太关心	一般	比较关心	非常关心
大学生	0.78%	1.82%	15.90%	57.18%	24.33%
教师	0.78%	25.17%	39.14%	31.37%	3.55%

表 2-10　“大学生是否礼仪得体”师生评价对比表

类别	问题与选项				
大学生	您觉得自己是一个礼仪得体的人吗？				
	不是	有点是	部分是	大部分是	完全是
	2.16%	7%	26.14%	56.09%	8.60%
教师	您认为礼仪得体的大学生有多少？				
	基本没有	少数是	一半左右	大部分是	都是
	0.44%	28.49%	38.80%	30.16%	2.11%

1. 自我认识与实际情况不一致。分别有 46.16%和 13.38%的大学生认为自己的礼仪素养比较好和很好，分别有 57.18%和 24.33%的大学生认为比较关心和非常关心自己的礼仪表现。为了解大学生对礼仪知识的掌握情况，问卷从大学生着装、交际等方面设置了四个题目，对于“您认为西装的袖口应长于还是短于衬衫的袖口”这个问题，仅有 38.45%大学生选择了“短于”；对于“您认为和领导、长辈见面握手时，应该谁先主动伸手”这个问题，仅有 14.73%的大学生选择了“领导、长辈”；对于“您认为在引导客人上楼时，应该走在客人的哪里”这个问题，仅有 18.92%的大学生选择了“后面”；对于“您在和老师、家长打电话时，一般都是谁先挂电话”这个问题，有 58.57%的大学生选择了“老师、家长”。从这些问题的回答来看，当代大学生对一些具体的礼仪知识掌握明显欠缺，对自身礼仪素养的评价和实际情况存在差距。

2. 对无礼行为的归因存在偏差。人们的思想和行为背后都有一定的价值支撑。了解当代大学生对无礼行为的价值认知能够更好地了解大学生的礼仪思想。本次调查设置了当代大学生对“旷课”“作弊”“学生情侣在公共场合行为过于亲密”三种常见行为如何认识的问题。对于“您如何看待旷课行为”，51.51%的大学生认为这是“一种不礼貌行为，是对老师的不尊重”，17.06%的大学生认为这是“大学生缺乏自律性的表现”，12.94%的大学生认为这是“学生对自己不负责”，9.43%的大学生认为这是“教师授课没有吸引力，做出这些行为可以理解”，9.06%的大学生认为“大学生有自由支配自己行为的权利”。对于“如何看待考试作弊行为”这一问题，60.99%的大学生认为“行为恶劣，缺乏诚信，应严肃处理”，但有 16.48%的大学生认为“说不清楚，应具体问题具体分析”，11.07%的大学生认为“情有可原，每个人都想考个好成绩，应酌情处理”，6.49%的大学生认为“监考不严，应加强监考，不给他们可乘之机”，4.97%的大学生认为“学校教育不到位，应加强相关教育”。对于“如何看待学生情侣在公共场合行为过于亲密”这一问题，大学生们的观点更加分散，37.63%的大学生认为这是“私密行为，应该注意场合”，27.45%的大学生认为这是“素质问题，是一种不文明行为”，20.38%的大学生认为这种行为“可以理解，是年轻人的正常表现”，11.58%的大学生认为这是“个人自由，别人无权干涉”，2.96%的大学生认为这是“思想开放、时代进步的体现”。由此可以看出，当代大学生对无礼行为的归因存在偏重强调外部因素、忽视自身因素，过于重视个人自由、忽视公共影响等问题。

3. 自我评价高于教师评价。分别有46.16%和13.38%的大学生认为自己的礼仪素养比较好和很好；相对而言，分别有23.17%和2.44%的教师认为大学生的礼仪素养比较好和很好。分别有57.18%和24.33%的大学生认为比较关心和非常关心自己的礼仪表现，分别有31.37%和3.55%的教师认为大学生比较关心和非常关心自己的礼仪表现。分别有56.09%和8.6%的大学生认为自己大部分是和完全是礼仪得体的人，分别有30.16%和2.11%的教师认为大学生大部分是和都是礼仪得体的人。

从上述调研数据可以看出，大学生礼仪素养存在自我评价与教师评价不一致的情况，且自我评价明显高于教师评价。正确的自我评价对大学生自我教育、自我发展、自我完善具有重要的意义，但自我评价受个人健康情况、心理状态、情感特点、爱好倾向、知识水平等多方面的影响，会存在偏颇和有失公允的情况，从而导致对自我的真实状态和发展趋势把握失真，这就需要引入他人评价。大学教师作为与大学生朝夕相处的群体，具有较高的知识水平和成熟的心智。他们对大学生的评价具有较高的真实性和客观性，能够更加全面地反映大学生礼仪素养的现实情况，因此通过大学生个人评价和教师评价相结合的方式，能够更加真实、准确地掌握大学生礼仪修养现状。

4. 学习意愿强烈但学习主动性不足。从调查结果来看，大学生在对礼仪知识的认知和学习礼仪的积极性、主动性方面存在较大冲突，对具体的礼仪知识掌握不足。分别有48.27%和30.05%的人认为礼仪修养对大学生有很大和比较大的作用，分别有61.45%和21.64%的人认为大学生很有必要和比较有必要懂得并更好地运用礼仪，分别有27.99%和

36.69%的大学生认为自己非常需要和比较需要礼仪知识。由此可以看出，大学生对礼仪的重要性有着深刻的认识，普遍认为礼仪修养很重要，有必要学习并更好地运用礼仪知识。但43.83%的大学生表示自己没有主动学习过相关礼仪知识，46.55%的大学生和29.71%的教师认为学校开展礼仪教育面临的最大困难是学生参与的积极性不高。

（二）高校礼仪课程开设情况分析

使学生具有良好的礼仪素养，使其行为举止符合礼仪规范，是大学生礼仪教育的基本要求。前述调研结果显示，66.36%的大学生和66.19%的教师认为学习礼仪最大的好处就是有利于提升个人的文明修养；23.02%的大学生认为大学生不文明行为与礼仪教育比较有关系，41.05%的大学生认为关系密切；29.82%的教师认为大学生不文明行为与礼仪教育比较有关系，29.6%的教师认为关系密切。课堂是大学生礼仪教育的重要场域，但调研结果显示，当前我国高校的礼仪教育不容乐观（见表2-11）。仅有10.64%的学生表示课堂教学是自己学习、理解礼仪知识的主要途径，45.67%的大学生明确表示本校开设了礼仪课程，但其中分别有46.47%和17.98%的学校是以选修课和通识课的方式开设礼仪课程的，将礼仪课程纳入必修课的仅占22.92%。对高校教师的调研结果与对大学生的调研结果相似，45.34%的高校教师明确表示本校开设了礼仪课程，其中分别有53.55%和18.83%的学校是以选修课和通识课的方式开设礼仪课程的，将礼仪课程纳入必修课的仅占13.69%。据了解，即使部分学校开设了礼仪课程（选修课或通识课），也基本处于开课与否由教师个人兴趣决定的状态，缺乏系统、有效的体系设计，这样的礼仪课程设置明显不能满足大学生礼仪学习的需求。对于"当前学校的礼仪教育能否满足大学生在礼仪方面的需求"这一问题，26.94%的大学生明确表示不能满足，24.25%的大学生表示仅能满足一点，仅有3%的学生表示能够完全满足。由此可以看出，高校礼仪课程开设明显不足，难以满足大学生对学习礼仪知识的需求。

表 2-11　不同层次院校礼仪课程开课情况统计

院校层次	是否开设礼仪课程		
	A. 是	B. 否	C. 不清楚
985、211 等一本院校	37.02%	32.40%	30.58%
二本院校	35.98%	33.30%	30.72%
三本院校	65.10%	14.90%	20.00%
高职高专院校	70.14%	15.74%	14.12%
其他	36.96%	36.96%	26.09%

（三）大学生礼仪教育目标分析

外在的礼仪与内在的礼义是礼仪教育的重要内容，而学习外在礼仪的根本目的在于培养内在的礼义精神。当前大学生礼仪教育存在偏重礼仪知识传授而忽视礼义精神培养的问题。目前，国内的礼仪教材多是从商务礼仪、办公礼仪、职场礼仪等方面入手，教给学生一些具体的礼仪，而对礼的起源、礼的本质等问题只在前言或概述部分一带而过，缺乏系统而深入的阐释。同时从礼仪课程的开设情况来看，高职高专院校的开课率明显高于本科院校，究其原因，无外乎是高职高专院校的学生在从事相关职业时更需要礼仪，但这种礼仪教育又仅停留在外在的礼仪行为教授层面，忽视了内在的礼义精神培养。教育目标的功利性造成了大学生在礼仪学习中得其形而忘其意的困境。

第二节　大学生礼仪教育存在的问题及原因

中国素有礼仪之邦之称。礼是中国古代人文精神的集中体现，是中华文化区别于西方文化的重要标志之一。结合调研情况分析，当代大学生礼仪教育存在有效礼仪教育场域不足、传统礼仪教育传承不够、教师的纠错作用发挥不及时、大学生已错失礼仪教育最佳时期等问题。

一、大学生礼仪教育存在的问题

（一）部分大学生礼仪素养缺失，文明程度不高

笔者从当代大学生上课、作息、考试等基本行为入手，以问卷的形式对他们的礼仪素养进行了调查。结果显示，仅有10.76%的同学表示自己从不在课堂上睡觉、看手机、吃零食、玩游戏，29.88%的同学认为自己周围不存在考试作弊的同学，14.61%的同学表示自己每次会按照学校规定的时间作息，30.09%的同学没有遇到过天热时穿拖鞋上课的同学，39.25%的同学认为学生情侣在公共场合行为过于亲密比较普遍，16.79%的同学认为非常普遍，56.18%的同学遇到过在图书馆、自习室等公共场合大声讲话或接打电话的行为。通过上述结果可以看出，不少同学不同程度地存在礼仪知识欠缺、礼仪素养缺失等问题。

由于礼仪素养缺失，一些大学生的文明程度不高，主要表现在两个方面。一是个人言行不文明。个人言行文明是大学生文明程度的直接体现，是大学生礼仪教育的重要方面。《礼记·曲礼上》说："礼，不妄说人，不辞费。礼不逾节，不侵侮，不好狎。修身践言，谓之善行。行修言道，礼之质也。"也就是说，不乱说话，行为不越轨，行为有修养，言谈符合道理才是礼的实质。但是有些大学生的言行很难与此相一致。说脏话、进老师办公室不敲门、穿拖鞋上课等不文明行为在大学生中仍然存在。二是公共行为不文明。礼仪作为一种社会规范，对维护社会正常运转、协调社会关系具有举足轻重的作用。一个社会的公民能够遵守社会公共礼仪，展现高度的社会文明是一个国家文化软实力的重要体现。但当前大学生不同程度地存在公共行为不文明问题：部分大学生缺乏节约意识，不随手关灯，教室空无一人却经常灯火通明，不随手关水龙头；宿舍、教室墙壁上有球印、鞋印等；在课桌上、厕所内乱刻乱画，甚至形成了所谓"课桌文化""厕所文化"；不爱护

公共环境，随地吐痰、乱扔垃圾、踩踏草坪；不遵守公共秩序，学生情侣在公共场合行为过于亲密，在图书馆、自习室等公共场合大声讲话或接打电话，在食堂等就餐不排队，等等。部分大学生在公共场合展现出来的文明素养不高问题需要引起我们的注意，而他们对这一问题的认识更是令人担忧。比如，对于“学生情侣在公共场合行为过于亲密”这一问题，调研结果显示，39.25%的大学生认为比较普遍，16.79%的大学生认为非常普遍。而在对这一问题的认识上，20.38%的大学生认为“可以理解，是年轻人的正常表现”，11.58%的大学生认为这是“个人自由，别人无权干涉”，还有2.96%的学生认为这是“思想开放、时代进步的体现”。

（二）有效礼仪教育场域相对不足

虽然2010年教育部便已经印发《中小学文明礼仪教育指导纲要》，但一些中小学还是将提高学校的升学率和学生的应试水平作为学校工作的重点。部分学校在应付上级检查或完成应试教育内容的前提下，才会开展文明礼仪教育，这就造成当代大学生从中小学时期开始就缺乏有效的礼仪教育。学生进入大学后，高校又习惯性地将礼仪教育归入基础教育，认为文明礼仪教育应该是中小学阶段的教育内容，不应是大学阶段的教育内容。从调研结果可以看出，有近半的高校未开设礼仪课程，而开设了礼仪课程的学校也多是以选修课或通识课的方式开设相关课程，很难保证礼仪教育的覆盖面和有效性。这就造成学生的礼仪教育从中小学到大学均缺乏有效的教育场域问题，严重影响了大学生的基本文明礼仪素养培育。

（三）中国传统礼仪教育传承不够

翻看目前出版的大学生礼仪教材，仔细研读不难发现，它们在对礼仪稍做论述后，就会分章节讲述仪表礼仪、商务礼仪、社交礼仪、公务礼仪等不同类型的礼仪，而礼仪内容多以西方礼仪为主，对中国传统礼仪涉及较少。礼仪是中华传统文化的重要内容，大学生要树立、增强文化自信，就必须学习中华优秀传统文化。在全球化的今天，学习和了解西方礼仪是大学生礼仪教育的题中应有之义，但这绝不是礼仪教育的全部内容。对当代中国而言，礼仪教育应该包括中国传统礼仪教育和西方礼仪教育，这才是当前中国大学生所需要的。[①] 将中国传统礼仪教育与西方礼仪教育相结合，是中国大学生礼仪教育的题中应有之义。

（四）教师的纠错作用发挥不及时

在任何一种教育中，教师都发挥着重要的纠错作用，及时指出学生所犯的错误，是对教师的基本要求。但从实际来看，高校教师更偏重于知识传授，人们也更注重教师的职称高低、职务大小，而教师的礼仪水平基本处于无人关注的边缘地带。除了完成教学任务，教师将更多的时间倾注于论文写作、科研实验，无暇关注大学生的礼仪教育。甚至一些教师的自身礼仪素养都存在较大问题，对大学生产生了一些负面影响。调研结果显示，当前我国高校教师在大学生礼仪行为上存在要求不严、纠正不及时等问题。比如，对上课前要起立并相互问好，回答问题时要起立，在课堂上不能睡觉、看手机、吃零食、玩游戏等缺少明确的要求等，具体调研结果见表 2-12 至表 2-14。

表 2-12　“上课前是否起立并相互问好”师生调查结果对比表

<table>
<tr><th>类别</th><th colspan="6">问题与选项</th></tr>
<tr><td rowspan="3">大学生</td><td colspan="6">是否有老师要求您在上课前起立并相互问好？</td></tr>
<tr><td>从来没有</td><td>偶尔会有</td><td>很少会有</td><td colspan="2">经常会有</td><td>每个老师都会</td></tr>
<tr><td>26.63%</td><td>40.39%</td><td>19.34%</td><td colspan="2">10.18%</td><td>3.46%</td></tr>
<tr><td rowspan="3">教师</td><td colspan="6">您上课前是否会要求学生起立并相互问好？</td></tr>
<tr><td colspan="2">不会</td><td colspan="2">有时会</td><td colspan="2">每次都会</td></tr>
<tr><td colspan="2">72.17%</td><td colspan="2">18.63%</td><td colspan="2">9.2%</td></tr>
</table>

① 姚剑婷：《当前大学生礼仪教育的三大误区分析》，《大学教育》2016 年第 5 期。

表 2-13 “回答问题时是否起立”师生调查结果对比表

类别	问题与选项				
大学生	是否有老师要求您回答问题时起立？				
	从来没有	偶尔会有	很少会有	经常会有	每个老师都会
	8.55%	38.87%	14.2%	24.76%	13.62%
教师	您上课时是否会要求学生回答问题时起立？				
	不会	有时会	每次都会		
	20.73%	42.57%	36.7%		

表 2-14 “是否制止学生在课堂上睡觉、看手机、吃零食、玩游戏等行为”师生调查结果对比表

类别	问题与选项				
大学生	老师会不会制止您在课堂上睡觉、看手机、吃零食、玩游戏等行为？				
	从来不会	偶尔会	很少会	经常会	每个老师都会
	4.63%	33.46%	13.67%	33.58%	14.66%
教师	您上课时是否会制止学生在课堂上睡觉、看手机、吃零食、玩游戏等行为？				
	不会	有时会	每次都会		
	9.87%	52.66%	37.47%		

（五）大学生已错失礼仪教育最佳时期

从教育规律和礼仪素养形成的过程来看，中小学甚至幼儿园阶段是礼仪素养形成的关键时期。76.28%的教师和73.27%的大学生表示接受礼仪教育的最佳时期是小学和幼儿园阶段。应该说，大学生已经错过了接受礼仪教育的最佳时期。但从前述调查结果可以看出，大学生的礼仪素养还存在诸多问题，在接受礼仪教育的最佳时期未能接受应有的礼仪教育，这就使大学生的礼仪教育存在一些矛盾。一方面，大学生的礼仪素养有待提升，应该加强礼仪教育；另一方面，大学阶段已不是开展礼仪教育的最佳时期。如何在这一

矛盾中寻找到最佳平衡点成为大学生礼仪教育必须要解决的问题。

二、大学生礼仪教育存在问题的原因分析

（一）传统礼文化的断层与缺失

在中国传统社会中，礼几乎一直是中华传统文化的核心，一直发挥着维护社会稳定、协调人际关系、引导民众生活的重要作用，潜移默化地影响着人们的价值认同和心理认同。自鸦片战争以来，随着西方以坚船利炮打开国门，西方文化涌入中国，对人们的思想形成巨大冲击，中国礼文化受到前所未有的挑战。而此后国内频发的政治和社会运动将礼教作为导致中国落后的主要原因，并给予无情的批判，将礼作为封建糟粕予以全面摒弃，使得传统礼文化几乎被扫除殆尽。20 世纪 80 年代以后，随着与西方文化交流的增多，不少人热衷于过洋节。与此同时，市场经济大潮不可阻挡，其在给中国带来巨大活力和财富的同时，也带来了享乐主义、拜金主义、利己主义等多元价值观。这些错误的价值观对人们的思想产生了巨大影响，以致传统的集体主义、爱国主义思想被部分人抛弃，于是社会上一些不文明、不守礼、不道德的现象逐渐增多。

大学校园不是真空地带，不可能不受社会的影响，大学生思维活跃、思想开放，他们乐于学习，乐于接受新思潮、新事物。很多西方文化、西方思潮在大学校园中传播，进而对中华传统文化形成冲击。大学生正处于世界观、人生观、价值观形成的关键时期，他们的思想认识很容易受到外来事物和外在环境的影响。比如，一些大学生热衷于过圣诞节、万圣节等西方节日，而对中国传统的清明节、端午节等不感兴趣；一些大学生对好莱坞等西方电影热爱有加，对电影中所传达的西方文化、西方价值也一并接受。这无形中会影响他们的世界观、人生观和价值观。其中一个重要表现就是由对西方文化的崇拜带来的对中国传统价值观念和礼仪文化的贬低和抛弃，具体表现为中华传统文化所要求的礼仪素养缺失，过于重视个人自由，不愿接受社会规范，不愿承担社会责任。如果对这种现象不加以正确引导，很容易让大学生的价值观发生扭曲，也会对大学生人文素养的提升产生消极作用，甚至

会影响高校立德树人根本任务的实现。

（二）学校教育的重形轻质

学校肩负立德树人的重任，是开展礼仪教育的主阵地。近年来，我国教育改革不断深化，素质教育质量日益提升。从礼仪教育方面来看，教育部在《中小学文明礼仪教育指导纲要》中，分阶段、分年级地提出了礼仪教育的目标和内容，并从课堂教学、日常管理、校园文化活动、社会实践活动、教师模范行为等方面提出了实施途径。部分中小学将礼仪教育作为中小学生修身教育的重要内容纳入教学体系，也取得了一些成绩。比如，贵州省福泉市在所属学校中定期组织开展“道德讲堂进班级”、“三生四爱五心五好”、“明礼知耻·崇德向善”、“文明礼仪”知识竞赛等活动，强化品德、礼仪、情操等方面的教育。山东省威海市教育局将中小学生日常学习生活的言行规范分解细化成文明礼仪系列教育内容，融入社会主义核心价值观教育，引导学生主动认同。

但我们也要看到，由于历史发展的惯性以及教育自身的客观规律，教育改革具有滞后性的特点，而长期应试教育形成的影响也使素质教育的成效不可能立竿见影。受高考的影响，我国学校教育长期以来存在的“重知识轻能力、重学习轻做人、重技术轻人文”的现象尚未得到根本改变，各级学校的礼仪教育还存在很多不容忽视的问题。比如，对礼仪教育功能定位不准，认为礼仪教育就是单纯开展礼仪活动、介绍礼仪知识、对仪表仪容提出要求，未能将礼仪教育与道德教育、价值教育有效融合；在教育内容上，以着装礼仪、交际礼仪等西方礼仪为主，缺乏对中国传统礼仪的讲述；在教学方法上，以课堂讲授、照本宣科为主，缺乏对互动实践环节的有效设计。

就中小学来说，文明礼仪教育尚未引起有关部门和相关学校的充分重视，很多仅是停留在喊口号的阶段，语、数、英等所谓“主科”课程挤占品德修养等所谓“副科”课程的现象时有发生。调研结果显示，89.7%的大学生和91.57%的高校教师认为中小学及幼儿园阶段是接受礼仪教育的最佳时期，我们应该抓住这一关键时期，在中小学礼仪教育中有所作为。

中小学礼仪教育的不足给大学生礼仪教育带来了困难。大学生已经错过了接受礼仪教育的最佳时期，但进入大学后，要面对与高中阶段截然不同的学习、生活方式，要面对来自五湖四海的同学，要面对众多的课外实践活动，而不能与新生活、新环境相适应的礼仪素养给很多大学生的学习、生活带来了无法避免的困扰。

就高校自身而言，部分高校在办学指导思想上强调培养专门人才，“重专业轻人文”的思想仍然存在，学校领导和教师多重视培养应用型专门技术人才，对大学生礼仪教育等人文学科教育的重视程度明显不够。关于高校的礼仪教育情况，前述调研结果分析中已有较为详细的分析，不再赘述。

（三）传统家风的消解与丧失

家庭是孩子的第一课堂，家庭教育对孩子的礼仪素养有着至关重要的影响。前述调研结果显示，58.01%的大学生和56.1%的高校教师认为礼仪素养受家庭环境影响最大。在中华传统文化中，家庭是孩子接受礼仪教育的重要场所。中华传统文化中有以孝道为中心的礼仪规范，有父母对孩子进行礼仪教育的方法及对孩子言行的明确要求，等等。比如，《礼记·曲礼上》要求做儿子的要使父母冬天感到温暖，夏天感到清凉，傍晚要为父母铺好枕席，早晨要向父母请安，在同辈中不与人争斗，“凡为人子之礼：冬温而夏凊，昏定而晨省，在丑、夷不争”。《礼记》还指出，教育幼儿应该经常用正面的事例引导他，不欺骗他。儿童不穿皮裘和裙裳，站立必须正对一个方向，不歪头侧耳而听，“幼子常视毋诳。童子不衣裘、裳。立必正方，不倾听”。此外，《礼记》还对孩子在不同年龄阶段应该接受什么样的礼仪教育以及如何进食、迎客、做客等做了详细规定。以孝道为核心的家庭礼仪教育蕴含着育人的合理因素，但19世纪末20世纪初以来的政治变革和革命运动给中华传统礼仪文化带来了巨大冲击。孔子认为让父母吃饱穿暖而不心存肃敬之情只能算是养，与犬马无异，“今之孝者，是谓能养。至于犬马，皆能有养。不敬，何以别乎?”（《论语·为政》）改革开放和市场经济的发展带来的多元价值观对传统的孝道产生了较大影响。当前不少子女不尽赡养老人的义务，连养都很难做到，更不要说敬了。

20世纪80年代，随着计划生育成为中国的一项基本国策，国家提倡一对夫妇只生育一个孩子，众多家庭的“小皇帝”登上历史舞台，中国传统的孝德教育、礼仪教育被抛诸脑后，孩子一出生就成为家庭的中心，受到父母、爷爷奶奶、姥姥姥爷无微不至的呵护。长辈们倾其所有也要最大限度地满足孩子的所有需要，哪怕是不合理的需求也照单全收。在这种环境下成长起来的一些独生子女逐渐养成了以自我为中心的思维方式，蛮横、霸道、自私成为他们的标签。

随着改革开放后高考制度的恢复，千军万马过独木桥的情况年年上演。面对激烈的升学竞争，一些家长急功近利，想尽一切办法让孩子学习考试知识，一切都为高考让路，除了学习，什么都不让孩子做，以致部分学生考上大学后连洗衣、叠被等基本的生活技能都不具备，更不要说良好的礼仪素养了。

同时，随着市场经济的发展，人们逐渐开始以金钱论英雄，诗书传家的氛围遭到极大破坏，不同类型的问题家庭越来越多。部分先富起来的家庭认为读书无用，只要会赚钱就行，忽略甚至抛弃了礼义廉耻教育。一种叫作“灰色家庭”的情况增多①，一些家长不务正业，沉迷于麻将、牌局，对孩子疏于管理，对孩子的健康成长带来极大的负面影响。一些城市家庭多为三口之家，交际面窄，邻里关系冷漠，不清楚对面住的邻居姓甚名谁的大有人在。一些农村家庭，父母均外出打工，孩子由爷爷奶奶或姥姥姥爷等长辈照料，而这些老人的文化水平大都不高，对孩子疏于或难于管教，出现问题的留守儿童越来越多。这种环境不可避免地会对大学生的整体礼仪素养产生负面影响。

（四）大学生自身礼仪修养不足

1. 一些大学生过于追求功利，道德品行下滑

道德教育是礼仪教育中最为重要和根本的内容，其宗旨是讲究内外兼修、

① 林莉：《当代大学生礼仪教育的困境与对策研究》，《西南民族大学学报（人文社会科学版）》2014 年第 8 期。

知行统一。① 中国传统礼仪教育将道德品行培养作为核心目标，其实质就是要发挥道德对民众行为和生活的价值引导功能。② 当代大学生礼仪素养的缺失在一定程度上影响了他们的价值观，对他们的道德品行产生了一定的不良影响，致使一些大学生忽视价值追求，过于追求功利，具体表现在以下几个方面。

（1）诚信意识缺乏。明礼诚信互为表里，诚信是大学生的基本道德要求，是礼仪素养的重要组成部分。当前部分大学生的诚信意识明显不足。比如，有些大学生平时不好好学习，为了取得好成绩或能够合格，考试时铤而走险，以作弊的方式提高成绩。几乎每所高校每年都会有学生因为考试作弊受到处分，甚至有学生因为替考被开除学籍。有些大学生为了获得奖助学金，采取弄虚作假、贿选拉票等违规行为，甚至有个别大学生身穿名牌服装，用着高档手机、电脑，仍然要申请助学金，理由是这些物品是亲友赠送的。这类不诚信行为给高校奖助学金的评选带来了极大困扰。有些大学生上学期间不好好努力，找工作时简历造假，甚至公然要求辅导员老师开具假证明等。

（2）责任感不强。积极承担社会责任，以平天下为己任是中国传统知识分子的优良传统。“先天下之忧而忧，后天下之乐而乐”“为天地立心，为生民立道，为去圣继绝学，为万世开太平”等名句是中国传统知识分子家国情怀的典型表现。《礼记·大学》提出的三纲领八条目是中国传统知识分子不懈追求的奋斗目标。当前，不少大学生更多的是将个人利益摆在首位。不少大学生在就业时将工作收入、个人发展前景、实现个人价值放在首位，不愿意到老少边穷地区工作，不愿意到基层工作。趋利避害是人的本性，在择业时考虑个人利益本无可厚非，但将大学生应当承担的社会责任忽略不计实属不该。部分大学生不仅社会责任意识淡薄，还缺乏家庭责任意识、集体责

① 陈安萍：《论社交礼仪在人际交往中的功用》，《安徽工业大学学报（社会科学版）》2003 年第 2 期。

② 吴树勤、刘晓东：《传统儒家礼仪教育与民众生活价值的自我实现》，《山东社会科学》2014 年第 11 期。

任意识。据新浪新闻2017年10月16日报道，重庆市某女大学生毕业后因为经常熬夜工作导致身体变差，就辞去了工作，在家待业。谁知在家一待就是一年，靠“啃老”度日，一年后突然提出要卖掉父母给她买的房子去澳大利亚留学。父母苦劝无果，只能求助媒体。当然这位女大学生的情况是极端个例，但大学生中不考虑家庭实际情况、盲目攀比消费的不在少数。不愿意承担责任、不愿意接受约束成为越来越多大学生的价值选择。

（3）虚荣心强。生活俭朴、不铺张浪费是礼仪素养的基本要求之一。孔子在回答林放关于礼的本质问题时说，就一般礼仪而言，与其奢侈，不如节俭；就丧礼而言，与其仪式周全，不如内心悲伤，“礼，与其奢也，宁俭。丧，与其易也，宁戚”（《论语·八佾》）。部分大学生攀比成风，盲目追求高消费，由此带来了很多不应该有的问题。有些同学受拜金主义、享乐主义影响，盲目购买名牌衣服、高档手机，给家庭尤其是经济困难家庭带来了沉重负担。随着网络的发展，有些大学生为了购买心仪的物品，不惜采取借贷的方式，结果身陷漩涡，无法摆脱，给自己和家人的生活造成了极大困扰。“学得好不如嫁得好”“宁在宝马车里哭，不在自行车上笑”成为不少女大学生的价值选择。

2. 部分大学生法纪意识淡薄，组织纪律性差

礼是中华传统文化的核心，也是传统法的核心。① 在中国传统社会中，礼与法是维护传统社会稳定的重要手段。荀子认为，“礼者，法之大分、类之纲纪也”（《荀子·劝学》）。相对来说，礼具有根本性的作用，因此孔子说“道之以政，齐之以刑，民免而无耻。道之以德，齐之以礼，有耻且格”（《论语·为政》）。礼与法是有界限的，比如利用信息网络诽谤他人本是礼的问题，但如果同一诽谤信息实际被点击、浏览次数达到5000次以上或者被转发次数达到500次以上的，应当认定为《刑法》第246条第1款规定的

① 马小红：《礼与法：法的历史连接》，北京大学出版社2004年版，第5页。

"情节严重"，可构成诽谤罪，这就成了违法问题。当前部分大学生礼仪素养的缺失直接导致其法纪观念淡薄。他们过于强调自我，片面追求自由，甚至将违反校规校纪看成不拘一格的潇洒之举。前述调研结果显示，对于旷课行为，有9.06%的大学生认为他们有自由支配自己行为的权利；对于考试作弊，有11.07%的大学生认为情有可原，每个人都想考个好成绩，应酌情处理。虽然有这种认识的学生是少数，但应引起我们的重视。学习是学生的基本任务，一些大学生却将上课当成可去可不去的事情，以致"选修课必逃，必修课选逃"成为他们的口头禅。有事请假是大学生应当遵守的基本规范，但有些大学生出于各种原因不想给任课老师、辅导员请假，就编造各种理由，甚至直接旷课，把请假当成躲猫猫，给学校的教学、管理工作带来了极大的困难。遵守宿舍管理规定是大学生应尽的义务，也是宿舍安全的重要保障。但部分同学违章使用大功率电器或长期不拔充电器，由此带来的校园安全隐患令人惊心，而由此引发宿舍火灾的新闻也时常见诸报端。各行其道等是基本的交通规则，但部分大学生在校园内不遵守交通规则已成为常态，上下课时占满道路、骑自行车过快且不让行是常事，导致校园内不时发生事故。违反公共礼仪规则与违反法纪之间并没有不可逾越的鸿沟，违章使用电器看起来仅是个人问题，但如果引发火灾，就成了法律问题；在校园内不遵守交通规则看起来仅是违反社会公德，但如果造成严重后果，就要承担法律责任。

3. 部分大学生以自我为中心，人际关系紧张

朋友是中国传统社会基本的五种人伦关系之一。朋友有信是传统礼文化的基本要求。先秦儒家对如何交友多有论述。孔子将与朋友交往作为培养个人品德的有效方式，"君子以文会友，以友辅仁"（《论语·颜渊》）。孟子认为交友交的是品德，是不可以有所依恃的，"友也者，友其德也，不可以有挟也"（《孟子·万章下》）。荀子认为朋友之间应该讲求礼节谦让的规范，"遇友则修礼节辞让之义"（《荀子·非十二子》）。礼仪教育就是要教会学生如何与别人交往、如何尊重别人、如何获得别人的认可，让学生能够很好地处理各种人际关系，从而保持愉悦的心情。但是部分大学生受社会环境和家

庭环境的影响，不同程度地存在以自我为中心的倾向，不能正确处理与朋友、同学之间的关系。在生活中不懂得如何关心、体谅、尊重别人；在工作中不懂得宽容谦让，不知如何与他人沟通，团队合作意识较弱；在处事原则上奉行明哲保身的人生哲学，不懂感恩，把别人的帮助视作理所当然，对别人的困难冷漠无视。以宿舍关系为例，一些大学生不习惯集体生活，只按照自己的喜好行事，不懂得尊重别人，不知道如何与同学相处，造成宿舍人际关系紧张。协调宿舍、班级人际关系已成为辅导员工作的一项重要内容。

大学生是实现中华民族伟大复兴中国梦的生力军。他们的礼仪素养将直接关系到中国梦的实现。我们有必要传承和弘扬中华优秀传统礼文化，并高度重视大学生礼仪素养缺失的问题。

第三节　大学生礼仪教育存在问题的解决思路

传统礼文化在社会、学校、家庭、个人层面的消解与缺失是大学生礼仪教育存在问题的重要原因。要解决这些问题，就需要传承和弘扬中华优秀传统礼文化。在先秦时期，礼已经实现了关键性变革，从政治制度、社会生活、个人行为等多个方面为中国传统社会构建了一套完整的理论体系。先秦儒家礼育思想是中华传统礼文化的源头，为构建传统礼文化做出了重要贡献。解决当代大学生礼仪教育中存在的问题，有必要追溯到先秦儒家礼育思想，从历史中寻找智慧。

一、传承和弘扬中华优秀传统礼文化

中华优秀传统礼文化在中国社会历史进程中占有重要地位，在培养君子

人格方面发挥了重要作用。大学生是中国知识分子的重要组成部分。开展大学生礼仪教育实际上是对他们进行成人教育。在这方面，中华优秀传统礼文化有着丰富的资源可供传承和借鉴。

（一）中华传统礼文化以培养君子人格为重要目标

培养君子人格是中华传统礼文化的重要目标。仁是对君子的本质要求，因此孔子说“君子务本，本立而道生”（《论语·学而》）。孔子在回答子路关于成人的问题时，在对臧武仲、公绰、卞庄子、冉求等进行点评后，指出：“文之以礼乐，亦可以为成人矣。”（《论语·宪问》）《礼记·礼器》也说：“礼也者，犹体也。体不备，君子谓之不成人。”也就是说，没有礼对人的节制，人就不能称其为人。成人意味着要承担相应的责任，《礼记·冠义》云：“成人之者，将责成人礼焉也。责成人礼焉者，将责为人子、为人弟、为人臣、为人少者之礼行焉。”不同的社会角色要遵守不同的礼仪规范。人格的养成仅仅依靠礼的外在约束是不够的，还要配以诗乐，因此孔子说“兴于诗，立于礼，成于乐”（《论语·泰伯》）。就这样，由孔子开创的中国礼文化以仁为统摄，以礼为纲纪，以乐为总成，形成了一套养成人格的教育模式。[①] 在传统礼文化的教化下，中国传统社会培养了一批批谦谦君子，如“为天地立心，为生民立道，为去圣继绝学，为万世开太平”的张载，“先天下之忧而忧，后天下之乐而乐”的范仲淹，“苟利国家生死以，岂因祸福避趋之”的林则徐，等等。事实证明，中华传统礼文化在培育人的高尚品格方面是行之有效的，值得当代大学生礼仪教育学习和借鉴。

（二）中华传统礼文化把礼作为人们所有社会活动的基本准则

在中国传统社会中，礼是最高自然法则在人类社会中的体现。对应自然界的天、地、春、夏、秋、冬，《周礼》设有天官、地官、春官、夏官、秋官、冬官。“夫礼必本于天，动而之地，列而之事，变而从时，协于分艺。”（《礼

① 张焕君：《制礼作乐：先秦儒家礼学的形成与特征》，中国社会科学出版 2010 年版，第 175 页。

记·礼运》)礼是国家典制,《周礼》对邦国建制、政法文教、礼乐兵刑、工艺名物等做了详细规定。春秋时的礼崩乐坏就是指国家纲纪、大经大法崩坏。礼是社会伦理秩序,“父子有亲,君臣有义,夫妇有别,长幼有叙,朋友有信”(《孟子·滕文公上》),这正是对礼所规定的伦理秩序的经典概括。礼是一切社会活动的准则,“道德仁义,非礼不成;教训正俗,非礼不备;分争辨讼,非礼不决;君臣上下,父子兄弟,非礼不定”(《礼记·曲礼上》)。没有礼,道德仁义就得不到发扬,教化训导、端正民俗就不会完备,曲直是非就分不清,天子、大臣、上卿、下士及父子、兄弟就无法确定尊卑、亲疏。礼是人际交往的方式①,《仪礼》记载的天子、诸侯、大夫、士日常所践行的礼有士冠礼、士昏礼、士相见礼、乡饮酒礼、乡射礼、燕礼、大射礼、聘礼、公食大夫礼、觐礼、士丧礼、丧服、既夕礼,等等。由此可以看出,在中国古代社会中,从自然法则、国家典制、伦理秩序到社会活动、人际交往,无不受到礼的约束,礼是人们一切社会活动的准则。当代大学生礼仪教育就是要让大学生养成自觉遵守礼仪、运用礼仪的好习惯。

(三)中华传统礼文化具有丰富的礼育方法和途径

中华传统礼文化的育人方式没有停留在空洞的说教上,而是综合利用多种方法,通过各种途径,创设浓厚的礼育氛围,让人们在日常应用中形成较高的礼仪素养。比如在培养方法上,中华传统礼文化综合运用知行合一、礼乐同构、礼法互补、榜样示范、自我教育等多种方式,通过官府垂范、学校教育、社会教化、日常养成等多种途径开展礼仪教育,起到了很好的效果,在维护社会稳定、提升国民素质、传承优秀文化等方面发挥了重要作用。虽然当前大学生的培养目标与古代的人才培养目标不同,但上述行之有效的传统礼育方法和途径仍有其借鉴意义和参考价值。

---

① 彭林:《儒家礼乐文明讲演录》,广西师范大学出版社2008年版,第30~33页。

二、汲取先秦儒家礼育思想的历史智慧

先秦儒家礼育思想是指萌芽于夏商周时期、创建于孔子、发展于孟荀的一套关于礼的制度、仪式和礼义精神的教育思想体系。它融政治引导、社会教化、文化传承等多种功能于一体，是中国传统社会关于个人伦理、家庭伦理、国家伦理、宇宙伦理的一整套完备的道德教育体系，是中国传统社会特有的一种教育思想和教育模式。它是中华传统礼文化的源头，在中国传统社会中发挥了重要作用。其作用主要有以下几点。

（一）规范社会秩序，维护社会稳定

先秦儒家礼育思想产生于礼崩乐坏的春秋战国时期。孔子认为周礼的逐步瓦解给社会带来了动荡不安，所以主张恢复周礼。基于对周礼的反省和审视，孔子着力通过礼来建立一套关于社会生活的规则体系。这套体系包含两个方面的内容：一是外在的规范秩序，二是内在的心灵秩序。那么如何来实现这一社会理想呢？孔子提出正名，就是要求遵循礼制，“名不正，则言不顺；言不顺，则事不成；事不成，则礼乐不兴；礼乐不兴，则刑罚不中；刑罚不中，则民无所措手足”（《论语·子路》）。正名的具体内容是“君君，臣臣，父父，子子”（《论语·颜渊》），只有名正，才能言顺。孔子正是通过这种家国一体的伦理化政治制度实现了外在规范秩序和内在心灵秩序的有效结合。

孟子认为礼是理想的治国之道，是国家长治久安、社会安定有序的制度保障。孟子将他的礼育思想与仁政思想较好地融合到了一起。他指出：“今也制民之产，仰不足以事父母，俯不足以畜妻子，乐岁终身苦，凶年不免于死亡。此惟救死而恐不赡，奚暇治礼义哉？王欲行之，则盍反其本矣。”（《孟子·梁惠王上》）如果百姓的收入连父母妻儿都养不起，丰年吃不饱，荒年会饿死，恐怕救死还来不及呢，又怎么有时间学习礼义呢？如果大王真要实行仁政，就要返回根本。这个根本就是不断提升人民的生活水平，教化人民，传递孝悌礼义。

荀子提出明分的思想，并论述了礼、法的关系。荀子认为“故先王案为之制礼义以分之，使有贵贱之等，长幼之差，知愚、能不能之分，皆使人载其事而各

得其宜，然后使悫禄多少厚薄之称，是夫群居和一之道也”（《荀子·荣辱》）。他认为之所以能够“群居和一”，主要是因为先王按照礼义的原则合理分施，形成了让人从事不同的工作而能够各得其所的社会等级结构。没有等级差别的社会是不存在的，礼不仅维持了社会等级的分，更实现了社会等级的和。

在中国传统社会中，先秦儒家礼育思想经过后世儒家的不断改造、发展，发挥了有效的社会治理和整合功能。正如孟德斯鸠所说的那样，“中国的政体大获成功，原因就在于一丝不苟地遵守礼仪……事无巨细，礼仪无处不在，所以，只要找到了一丝不苟地遵奉礼仪的方法，中国就可以治理得非常好”①。

（二）约束个人行为，协调人际关系

礼育就是要让人们知道什么是合礼的、什么是无礼的，知道什么是可以做的、什么是不可以做的。中国传统的礼在维护社会稳定的同时，也为个人提供了行为规范，是传统社会协调人际关系的重要手段。孔子认为礼能够让人明确自己所处的位置并遵守相应的规范，认为能够遵守礼的人是不会背离正道的，“君子博学于文，约之以礼，亦可以弗畔矣夫”（《论语·雍也》）。因此他强调要将礼作为约束个人言行的基本规范，“非礼勿视，非礼勿听，非礼勿言，非礼勿动”（《论语·颜渊》）。在孔子看来，礼的主要作用就是和，因此他提出“礼之用，和为贵”（《论语·学而》）。他将礼的作用归之为和，就是看到了礼在协调人际关系中的作用，就是要让不同群体按照礼的规范各尽其职，从而实现和谐共融。

孟子将礼视作行为的基本规范，认为人离开了礼就不知道如何行事了，“非礼无行也”（《孟子·离娄下》）。他把礼义看作衡量利的标准，“万钟则不辩礼义而受之。万钟于我何加焉？”（《孟子·告子上》）不符合礼义的要求，即使万钟的俸禄对我又有什么用呢？存仁心者爱护他人，讲礼义者尊敬他人，爱护他人的人会获得人们的爱戴，尊敬他人的人同样会获得他人的尊敬，只有存

① 孟德斯鸠著，许明龙译：《论法的精神》（上卷），商务印书馆2009年版，第365页。

仁心、讲礼义，才会形成相互爱戴、相互尊敬的和谐人际关系。“仁者爱人，有礼者敬人。爱人者，人恒爱之；敬人者，人恒敬之。”（《孟子·离娄下》）

荀子认为礼是为了限制人的欲望而产生的，是人的行为准则，“礼者，人之所履也，失所履，必颠蹶陷溺。所失微而其为乱大者，礼也”（《荀子·大略》）。失去了礼的规范，人的行为就会迷失方向，会给社会造成大混乱，“人无礼义则乱，不知礼义则悖”（《荀子·性恶》）。遵循礼是限制人的原始欲望、促进人际关系和谐的重要手段，“故先王导之以礼乐而民和睦。夫民有好恶之情而无喜怒之应则乱。先王恶其乱也，故修其行，正其乐，而天下顺焉”（《荀子·乐论》）。

人的本质不是单个人所固有的抽象物，在其现实性上，它是一切社会关系的总和。[①] 礼本身就是随着人类社会的不断发展而逐步发展和完善的，是人的社会性的本质体现之一。先秦儒家将各种礼仪规范传授给民众，不断规范人们的言行，使礼成为传统社会规范个人行为、协调人际关系的重要手段。

（三）陶冶道德情操，提升文明素养

礼具有明显的可感知性，遂成为把握无形道德精神的向导。先秦儒家正是在引导人们“识礼”“学礼”“明礼”“行礼”的实践中，将个人道德人格的完善融合在礼的教化与训导过程中。人们正是在这一过程中逐渐形成遵守道德规范的行为意识，培育道德情感，将外在的道德规范升华为内在的道德自觉。[②] 孔子的礼育思想内在地包含道德教育，“道之以德，齐之以礼”（《论语·为政》）。德要以礼为规范，失去礼的调控，德便不再是德。“恭而无礼则劳，慎而无礼则葸，勇而无礼则乱，直而无礼则绞。”（《论语·泰伯》）失去礼的规范，恭、慎、勇、直这些良好的品德就会走向偏颇，失去其应有的价值。也就是说，德的实践必须限定在礼的框架内，而没有道德基础的礼是不能称为礼的。

---

① 中共中央马克思恩格斯列宁斯大林著作编译局编译：《马克思恩格斯选集》（第一卷），人民出版社 2012 年版，第 135 页。

② 徐朝旭：《论先秦礼的德育功能》，《教育研究》2007 年第 4 期。

孟子认为礼是人固有的本性，“仁义礼智，非由外铄我也，我固有之也”(《孟子 · 告子上》)。因此，对于礼义的追求不是外在的而是人性的本质要求，我们要通过自我反思来不断提高自身修养，“发而不中，不怨胜己者，反求诸己而已矣”(《孟子 · 公孙丑上》)。“爱人不亲，反其仁；治人不治，反其智；礼人不答，反其敬。行有不得者皆反求诸己，其身正而天下归之。”(《孟子 · 离娄上》)正是通过自我修养，在对自己的严格要求中，不断提升自身素养，形成君子人格。

荀子认为礼是最高的社会道德规范，“礼者，人道之极也”(《荀子 · 礼论》)。礼是区分人境界高低的标尺，“不法礼，不足礼，谓之无方之民；法礼足礼，谓之有方之士”(《荀子 · 礼论》)。是无方之民还是有方之士，就看其是否遵循、重视礼。礼是人生安乐的基本前提，要注重以礼修身，无论是衣食住行，还是情感容貌，以礼节之则通达和节、优雅大方，否则就会颠倒生疾、庸俗粗野，“凡用血气、志意、知虑，由礼则治通，不由礼则勃乱提僈；食饮、衣服、居处、动静，由礼则和节，不由礼则触陷生疾；容貌、态度、进退、趋行，由礼则雅，不由礼则夷固僻违，庸众而野”(《荀子 · 修身》)。严格按照礼的规范行事，日积月累就会成为君子，“积礼义而为君子”(《荀子 · 儒效》)。

在先秦儒家看来，礼是一切行为和规范的立法者，当然也是德的规定者、评判者。① 因此他们特别重视通过礼来教化人心，进而提高人们的道德水平，并希望通过礼的规范、陶冶、践行，让人们将外在的约束内化为道德自觉，以培养高尚的道德情操。

由此可以看出，先秦儒家礼育思想在规范社会秩序、维护社会稳定，约束个人行为、协调人际关系，陶冶道德情操、提升文明素养等方面发挥了重要作用，而这些恰恰也是开展当代大学生礼仪教育的重要目的。回顾传统，传承先秦儒家礼育思想中的合理因素，有利于为解决当代大学生礼仪教育存在的问题提供有益参考，更好地推进当代大学生礼仪教育。

---

① 陆建华：《荀子礼学研究》，安徽大学出版社 2004 年版。

第三章

先秦儒家礼育思想为大学生礼仪教育提供文化资源

解决当代大学生礼仪教育中存在的问题需要从先秦儒家礼育思想中汲取历史智慧，这就需要对其主要特征做出概括和总结，从理念和方法上找到传承和融合的共通之处。

第一节　先秦儒家礼育思想的主要特征

先秦儒家礼育思想是中华传统礼文化的源头，其主要特征包括礼义为本、人道自觉、道德教化、经世致用、日用常行等。这些特征有的被后世传承和发展，有的则被异化。

一、礼义为本

在中国传统社会中，礼的内涵相当宽泛，几乎涵盖传统社会的所有规范与制度，大体分为礼制、礼仪、礼义三个部分。礼义是礼的核心。

礼制就是国家的典章制度，包括社会制度、国家制度（如宗法制、井田制等），有时也特指礼仪制度（制度化的礼仪）、礼器制度或各种有关的名物制度。① 强调礼制教育的重要性，突出礼所规定的政治秩序和政治关系，注重礼制在维护政治稳定与社会秩序方面的积极作用，是先秦儒家礼育思想的主要内容。

从广义上说，礼仪几乎与礼具有同样的范畴，指的是“有利于社会稳定和经济发展所需要的和谐人际关系与良好的社会环境的各种行为准则或规范的总和”②。从狭义上说，礼仪是礼的具体表现形式，是根据礼的规定和

① 赖换初：《儒家礼育思想研究》，中南大学出版社 2004 年版，第 10 页。

② 何继龄：《礼仪视域中的古代个体品德培育机制》，《伦理学研究》2012 年第 4 期。

内容形成的一套系统而完整的程式。[1] 具有一定的程式化和规范化是礼的社会属性的具体体现。笔者认为先秦儒家礼育思想中的礼仪教育指的是狭义上的礼仪，涉及国家交往、战争祭祀、人际交往、日常生活等。仅《仪礼》就记载了士冠礼、士昏礼、乡饮酒礼、乡射礼等 10 余种礼仪，每一种礼仪都有具体的程式。《周礼 · 大宗伯》按照礼的类型将礼分为吉、凶、军、宾、嘉五礼，为不同情况用什么礼做了规范。先秦儒家礼育思想中的礼，种类繁多，较为复杂，正所谓"经礼三百，曲礼三千"（《礼记 · 礼器》）。

礼义就是指仁、义、敬、忠、信、和等礼的精神实质和价值内涵，是先秦儒家礼育思想的出发点和落脚点。与孔子同时期的晏子曾对齐桓公说："今孔子盛容饰，繁登降之礼，趋详之节，累世不能殚其学，当年不能究其礼。"（《史记 · 孔子世家》）这句话中的礼指的就是礼仪，人们学习这些繁琐的礼仪确实需要花费极大的精力，甚至终其一生也难以全部识记、践行。那先秦儒家为什么还要强调学习礼仪、遵守礼仪呢？孔子对这个问题做出了回答。孔子说："礼云礼云，玉帛云乎哉？乐云乐云，钟鼓云乎哉？"（《论语 · 阳货》）孔子通过回答学生的问题明确指出，礼不是"玉帛""钟鼓"这些外在形式，更重要的是礼的精神实质，要把握"礼之本"。孔子所说的"礼之本"就是礼义。礼义与礼仪密不可分，通过不同场合的礼仪程式向人们传递理想社会所要求的行为规范和价值观念才是先秦儒家推行礼育的最终目的。正是在践行礼仪的过程中，人们按照礼义的要求不断调整自己的行为，直到将礼义内化为自身的道德修养，将思想、行为、认知融为一体，这就形成了道德人格。礼仪的传授和实践使人们在潜移默化中逐步培养起礼义精神。先秦儒家礼育思想将礼义精神作为核心理念，为当代大学生思想政治教育如何实现立德树人的根本任务提供了思考和借鉴。

---

① 赖换初：《儒家礼育思想及其现代价值》，《求索》2004 年第 2 期。

二、人道自觉

将人性化作为中华传统礼文化的特点可能会引起一些人的质疑，因为在他们的观念中，强调等级差序、束缚人性，甚至“以理杀人”“礼教吃人”才是礼的真正面貌。但在先秦儒家礼育思想中，人性是构建礼制的重要基础。在先秦儒家看来，人是天地之间最重要的元素。虽然先秦儒家将天地人并列为“三才”，但其着眼点往往是现实社会中的人，因此《礼记·礼运》曰“人者，天地之心也”，《礼记·坊记》曰“礼者，因人之情而为之节文”，《孝经》曰“天地之性，人为贵”。这种人性思想在孔子那里表现得更加充分。马厩失火，孔子在得知后不问财产的损失情况，而是先问有没有伤到人。孔子将仁作为礼的本质内涵和存在基础，提出“人而不仁，如礼何？人而不仁，如乐何？”（《论语·八佾》）仁是要靠内在的道德自觉和外在的礼仪规范来实现的，“克己复礼为仁。一日克己复礼，天下归仁焉”（《论语·颜渊》）。孟子将礼的重心放在道德之礼和行为之礼上。他认为礼源于天赋的善端，“辞让之心，礼之端也”（《孟子·公孙丑上》）；认为礼是人本来就固有的内在之德，而不是他人给予的，“仁义礼智，非由外铄我也，我固有之也”（《孟子·告子上》）。孟子从人性之维证明礼之于人的内在性，从心灵之维说明礼内在于人的身体之中①，“礼之于宾主也……命也。有性焉，君子不谓命也”（《孟子·尽心下》），礼不是命运的安排，而是人性使然。荀子认为“人之性恶，其善者伪也”（《荀子·性恶》），“凡所贵尧、禹、君子者，能化性，能起伪，伪起而生礼义”（《荀子·性恶》），“礼者，人道之极也”（《荀子·礼论》）。荀子的性恶论不仅揭示了外在制度的必要性，而且从心性上为礼义的教化搭设了桥梁。② 人性化是先秦儒家礼育思想的重要

---

① 陆建华：《先秦诸子礼学研究》，人民出版社 2008 年版。

② 李桂民：《荀子思想与战国时期的礼学思潮》，中国社会科学出版社 2012 年版。

特点。随着专制统治的发展，礼的工具性越来越突出，礼逐渐演变为统治者的统治手段，其蕴含的人文精神逐渐退居幕后，这恰恰是我们今天要实现礼的创造性转化和创新性发展需要追溯至先秦儒家礼育思想的重要原因。

三、道德教化

与西方之礼的产生与发展不同，中国传统之礼自诞生之初就蕴含着丰富的道德内涵。周礼通过对社会生活各个方面的规定使礼由殷商及以前的神本理路转向民本理路，其包含的尚德精神一直被后代沿用并保存下来。郭沫若甚至认为“古代有德者的一切正当行为的方式汇集了下来便成为后代的礼”①。礼义自然地成为先秦儒家礼育思想的精神内核。礼义即仁、义、敬、忠、信、和等礼的精神实质和价值内涵，是先秦儒家礼育思想的出发点和落脚点。“礼之所尊，尊其义也。”（《礼记·郊特牲》）“忠信，礼之本也；义理，礼之文也。无本不立，无文不行。”（《礼记·礼器》）孔子明确指出礼不是“玉帛”“钟鼓”这些外在形式，更重要的是礼的精神实质，“礼云礼云，玉帛云乎哉？乐云乐云，钟鼓云乎哉？”（《论语·阳货》）他还指出礼是建立在仁德基础上的，没有仁，也就谈不上礼，“人而不仁，如礼何？人而不仁，如乐何？”（《论语·八佾》）因此王国维认为“制度典礼者，道德之器也”②。人们在践行礼仪的过程中，按照礼义的要求不断调整自己的行为，直到将礼义内化为自身的道德修养，将思想、行为、认知融为一体，这就形成了道德人格。礼既是展示道德修养的重要载体，也是培养道德品行的有效手段。礼是中国传统社会道德教化的重要载体和有效路径。古代冠礼、婚礼、丧礼、祭礼、聘礼等涉及生活方方面面的礼仪所蕴含的道德理性对人民大众来说是

---

① 郭沫若：《青铜时代》，见《郭沫若全集》历史编第一卷，人民出版社1982年版，第336页。

② 王国维：《观堂集林》，中华书局1959年版，第475页。

一种道德命令，最终成为“应该如此”的自我约束的社会生存原则或人际交往原则。①

四、经世致用

礼起源于祭祀，这些祭祀礼仪在通向天神世界的同时，也规范出了人间的等级秩序。② 西周时期，礼仪制度就已经与政治制度相结合，周礼按天地与四季的顺序，把掌管国家政务的官职分为天地春夏秋冬六官，并提出“以德配天”，其最终目的就是维护周朝的统治。春秋时期，周公建立的礼制不断衰落，周天子的影响力越来越小。孔子试图恢复“礼乐征伐自天子出”的传统政治格局。对于当时的权贵季氏做出的僭礼行为，孔子非常气愤地说：“八佾舞于庭，是可忍也，孰不可忍也?”（《论语·八佾》）孔子对当时“觚不觚，觚哉！觚哉”（《论语·雍也》）这种名不符实的社会现象深感哀伤。他认为礼是治国的重要原则，“能以礼让为国乎？何有？不能以礼让为国，如礼何?”（《论语·里仁》）因此当齐景公问政于孔子时，孔子提出“君君，臣臣，父父，子子”（《论语·颜渊》）。社会各等级各安其位、各守其分，才有利于社会的和谐与稳定。孟子“尊贤”“贵贵”的思想具有明显维护宗法等级制的倾向。他说：“无礼义，则上下乱。”（《孟子·尽心下》）“上无礼，下无学，贼民兴，丧无日矣。”（《孟子·离娄上》）他认为礼是理想的治国之道，礼所确立的尊卑上下原则是各等级中的人应遵守的重要原则。礼制之下的礼乐教化是维护礼制、实施礼制的有效方法和教育民众、培养情操的有效手段。如此，礼是维护国家长治久安、社会安定有序的制度保证。③ 荀子更是将礼作为国家的政治制度和政治原则，提出“国无礼则不正”（《荀子·王霸》），“礼者，治辨之极也，强国之本也，威行之道也，功名之总也”（《荀子·议兵》）。在《荀子·强国》篇

① 王启发：《礼学思想体系探源》，中州古籍出版社2005年版，第53页。

② 李泽厚：《由巫到礼　释礼归仁》，生活·读书·新知三联书店2015年版，第51~53页。

③ 陆建华：《先秦诸子礼学研究》，人民出版社2008年版，第80页。

中，他更是将礼上升到可以决定国家命运的高度，提出“人之命在天，国之命在礼”。总体来看，在先秦儒家礼育思想中，礼是最普遍的社会规范，也是最广泛意义上的社会控制方式。政治体制是按照礼的精神设置的，治世法典是按照礼的规范制定的，思想教育则是礼教和乐教。这种礼的政治正是中国政治不同于西方政治的一个重要特征。①

五、日用常行

先秦儒家的礼不仅是对国家、君主行为等做出规范，更是通过礼仪设计等将礼融入人们的日常生活中，使礼成为百姓生活必不可少的一部分。他们通过典章制度、礼节仪式、道德律令等将礼融入传统社会政治与生活中。吉、凶、军、宾、嘉五礼将军国大事到日常生活的方方面面都纳入礼的规范之中。人们的一言一行、一举一动都要合乎礼的规范。先秦儒家不仅将课堂作为传授礼的场所，而且认为礼必须与生活的基础技能相结合，特别重视在日常生活中培育礼的意识。“人生八岁，则自王公以下，至于庶人之子弟，皆入小学，而教之以洒扫、应对、进退之节，礼乐、射御、书数之文。”② “中国古所谓礼乐之教，重在于人最平常之日常生活、人之饮食、衣服、宫室、男女居室、父子、夫妇、兄弟之相处，宾客应对之际，冠、婚、丧、祭、射、乡、朝、聘之事中，皆养成一种顺乎中和之性情。”③ 人们需要在日常生活中不断学习、实践礼。礼作为文明传承的手段，是对人类道德信仰的终极关怀。先秦儒家还将礼具体化为人们的行为准则，将对礼的践行贯穿人的一生。“子能食食，教以右手；能言，男‘唯’女‘俞’。男鞶革，女鞶丝。六年，教之数与方名。七年，男女不同席，不共食。八年，出入门户及即席饮食……九年，教之数日。

---

① 柳肃：《礼的精神——礼乐文化与中国政治》，吉林教育出版社 1990 年版，第 15 页。

② 朱熹：《四书章句集注》，中华书局 1983 年版，第 1 页。

③ 唐君毅：《中国文化之精神价值》，见《唐君毅全集》第九卷，九州出版社 2016 年版，第 151 页。

十年，出就外傅……十有三年，学乐、诵诗……二十而冠，始学礼……三十而有室，始理男事……四十始仕，方物出谋发虑……五十命为大夫，服官政，七十致事。”（《礼记·内则》）对站立坐行也有相应的礼仪规范，并要求人们严格遵守，“若夫坐如尸，立如齐。礼从宜，使从俗”（《礼记·曲礼上》）。对于不遵守礼、大白天睡觉的学生宰予，孔子气愤地批评说：“朽木不可雕也，粪土之墙不可圬也。于予与何诛?”（《论语·公冶长》）中国的民族精神，不论是高层的意识形态还是深层的社会心理，不论是上层的王公贵族还是下层的平民百姓，都以礼的精神为其最普遍、最显著的特征。① 正是在贯穿一生的日常应用中，人们自觉将自己的言行纳入礼的规范之中，使自己的各种行为都围绕着礼这一核心，进而逐步形成了对中华传统文化的心理认同，造就了中华传统礼文化的独特气质。正如孟德斯鸠所说，“儿媳每天清晨是否前去伺候婆婆，此事本身无关紧要。可是，我们如果想到，这些日常细节不断地唤起必须铭刻在心中的一种感情，而正是每个人心中的这种感情构成了中华帝国的治国精神，我们就会明白，此类具体行为没有一件是可有可无的”②。

第二节　大学生礼仪教育对先秦儒家礼育的方法借鉴

先秦儒家礼育思想中蕴含着很多有效的教育方法，包括知行合一、礼乐同构、礼法互补、榜样示范、自我教育等。这些方法时至今日仍有

① 柳肃：《礼的精神——礼乐文化与中国政治》，吉林教育出版社 1990 年版，第 11 页。

② 孟德斯鸠著，许明龙译：《论法的精神》（上卷），商务印书馆 2009 年版，第 368 页。

其实践价值，值得大学生礼仪教育借鉴和应用。

一、知行合一

礼本身就是需要在实践中不断践行、发展和完善的知行合一体系。先秦儒家将国家与个人纳入一套完整的礼仪制度中。上至王公贵族，下至普通百姓，大到国家祭祀、诸侯往来，小到见面问好、饮酒吃饭，礼仪贯穿每个人从出生到去世的各个阶段。比如，天子与诸侯、诸侯与诸侯之间的聘礼，就分为大聘与小聘，从组团、告庙、出发到入境、郊劳、设馆、致飧，再到聘享私觌，直到复命告庙，均有一套完整的规范程式，国君、使者都要按照各自的身份做出与之相符的言行举止。再如，标志着男子成年的冠礼，仅加冠一项就有缁布冠、皮弁、爵冠三种不同的帽冠。孔子也是践行礼仪的典范，与不同身份的人说话有不同的表现，“朝，与下大夫言，侃侃如也；与上大夫言，訚訚如也。君在，踧踖如也，与与如也”（《论语·乡党》）。出入朝廷每一阶段都有不同的动作表情，“入公门，鞠躬如也，如不容。立不中门，行不履阈。过位，色勃如也，足躩如也，其言似不足者。摄齐升堂，鞠躬如也，屏气似不息者。出，降一等，逞颜色，怡怡如也。没阶，趋进，翼如也。复其位，踧踖如也”（《论语·乡党》）。如此繁琐的礼仪不仅受到后人的质疑，当时的人也提出了异议。与孔子同时代的晏子曾对齐桓公说：“今孔子盛容饰，繁登降之礼，趋详之节，累世不能殚其学，当年不能究其礼。”（《史记·孔子世家》）人们学习这些繁琐的礼仪确实需要花费极大的精力，甚至终其一生也难以全部识记、践行。那先秦儒家为什么还要强调学习礼仪、遵守礼仪呢？我们可以从晋国大夫女叔齐对鲁昭公的评价中找到答案。公元前 537 年，鲁昭公去晋国，郊劳、馈赠等所有的外交仪式都做得非常到位。于是晋平公对他的大夫女叔齐说：“鲁国国君不是很知礼吗？”女叔齐却不认可晋平公的说法。他说，鲁昭公的所作所为只是一些外在的仪式，而不是传统的周礼，“是仪也，不可谓礼”（《左传·昭公五年》）。因为当时鲁国大权旁落，昭公有令难行。这个故事告诉我们礼的本质绝不是这些琐碎的仪式细节，而是其中蕴含的协调人事、巩固政权、安定人心的礼义精神，只有知行合一，将礼义与礼仪结合在一起，才是真正的知礼、行礼。

当代大学生礼仪教育就应做到理论灌输与实践育人相结合。理论灌输法是中国古代道德教化的主要方法之一，也是当代中国思想政治教育的重要方法，是教育者有目的、有计划地向受教育者进行理论教育，引导受教育者逐步树立科学世界观、人生观、价值观的方法。它的理论基础是列宁在《怎么办》中提出的灌输理论。[1] 也就是说，理论灌输法认为正确的思想和理论不可能不学而知、不教而会，必须通过各种形式的灌输，才能为受教育者所接受。这种教育方法是中国传统教育尤其是蒙学教育最常用的方法之一。礼义精神和道德要求就蕴含在诵读的礼学经典之中。大学生礼仪教育具有重要的德育功能，应该借鉴和运用理论灌输法在思想政治教育中的作用，不断提升大学生的道德品质和文明素质。从笔者长期在高校工作的经历来看，当前大学生的礼仪素养之所以不高并不是因为他们不注重礼仪，而是因为他们没有接受过系统的礼仪教育。通过一段时间的主题班会教育和面对面的提醒与纠正，大部分学生的礼仪素养有了明显提升。

在此需要明确的是，我们要弄清楚灌输教育与灌输式教育的区别。灌输式教育因其在教育过程中的机械性、单向性、空洞性而广受批判，其特点是强制与服从，是僵化的教育方式。而灌输教育是马克思主义的经典教育方式，具有互动性、平等性、时代性的特点，从更根本的层面来说，它是一种原则而不是具体的方法，是科学的教育理论。理论灌输法强调与时俱进的教学内容、润物无声的教育方式、双向互动的教育观念[2]，为大学生礼仪教育提供了有益借鉴和参考。

实践育人法是指通过组织学生参加围绕教育教学活动目的而开展的实践

---

① 陈万柏、张耀灿：《思想政治教育学原理》（第二版），高等教育出版社 2007 年版，第 222 页。

② 王铁：《论“灌输”教育与灌输式教育的本质区别》，《复旦教育论坛》2003 年第 5 期。

活动来提升育人效果的教育方法。礼仪的生命就在于不断地践行。先秦儒家特别重视礼仪的实践性，将礼作为每个人时时处处都要践行的规范，无论是君主、大臣还是普通百姓，都需要践行礼仪，无论在学校里还是在家中，都需要践行礼仪，从出生到去世，都要依礼而行。当代大学生礼仪教育同样应当把实践作为重要的教育方法，以提升礼仪教育的实效性。提升大学生礼仪素养的关键就是让其养成自觉践行礼仪的习惯，而习惯的养成要通过不断重复练习直至形成自然的条件反射。

因此，在大学生礼仪教育中，学校各部门要密切配合，通过各种渠道、多种方式为大学生创设礼仪实践的机会，形成全员育人的良好氛围。任课教师可以先从课堂起立、向老师问好，以及上课的坐姿、回答问题时的站姿等基本课堂礼仪着手，让学生在课堂中应用礼仪。学生处、校团委、学生会、社团等学生管理部门和学生组织可以通过设计大学生喜闻乐见的辩论赛、知识竞赛、节目表演等形式多样的活动，让学生在活动中展示礼仪，还可以通过兴趣社团、学习小组等方式，让学生在自我学习中研究礼仪。辅导员可以通过主题班会、主题团日、团体活动等多种方式让学生在讨论学习中明晰礼仪。学校可以通过开学典礼、毕业典礼、表彰大会等校园仪式让学生在庄重的氛围中感受礼仪。教务处等部门可以通过组织学生参观企业、参加生产实习等多种方式让学生在社会交往中运用礼仪。

学生需要在反复的实践运用中养成自觉行动并内化为自身的礼仪素养，否则即使掌握了丰富的礼仪理论知识，也只能是毫无生气的两脚书柜，没有实际意义。在大学生中进行礼仪教育，关键在于学以致用，必须要坚持理论与实践相结合的原则，使学生自觉将礼仪知识应用在日常学习、工作、生活等方方面面。高校应采取多种方式、创设多种途径，鼓励、引导大学生在深入学习礼仪文化知识的同时，强化对礼仪的日常应用，在实践中体验礼仪的真谛，进而不断规范自己的言行，提升自我的道德品质和文明素养。

二、礼乐同构

先秦儒家认为礼、乐密不可分，都是天地万物秩序的体现，“乐者，天地之和也；礼者，天地之序也”（《礼记·乐记》）。礼、乐都是德的体现，“礼乐皆得，谓之有德”（《礼记·乐记》）。两者在礼育中的作用统一于道德教化，所以孔子说“立于礼，成于乐”（《论语·泰伯》），以致“在齐闻《韶》，三月不知肉味”（《论语·述而》）。它们的发生机制不同，“乐由中出，礼自外作”，“乐也者，动于内者也；礼也者，动于外者也”（《礼记·乐记》）。两者的作用方式也不同，“乐者所以象德也，礼者所以缀淫也”（《礼记·乐记》）。荀子认为“乐合同，礼别异……穷本极变，乐之情也；著诚去伪，礼之经也”（《荀子·乐论》）。乐是内心德性的体现，礼则是为了防止行为出格。乐的和同价值更为突出，乐是人内心情感体验的激发，“凡音者，生人心者也。情动于中，故形于声，声成文，谓之音”（《礼记·乐记》）。相较于礼的约束性和强制性而言，乐具有更高的原发性和自觉性。乐通过内心影响人的精神世界，礼通过行为规范约束人的行为习惯。礼乐相辅相成，都是培育道德品质的有效途径，因此荀子提出美善相乐，“故乐行而志清，礼修而行成，耳目聪明，血气和平，移风易俗，天下皆宁，美善相乐”（《荀子·乐论》）。

音乐教育从本质上来说是一种美育，能更直接、更有力地进入人的情感世界，作用于人的灵魂，促进人类自我精神的觉醒与人格的完善，从而唤起人内心深处的情感与道德良知①，因此，其理应成为大学生礼仪教育的重要途径。但是，受应试教育观念和现阶段我国人民生活水平等因素的影响，目前大学生的音乐素养和音乐鉴赏能力都有待提升，这就需要通过设置音乐鉴赏类公共课程、开展高雅文化进校园、组建大学生艺术团等多种方式让学生

① 祖国华：《“礼乐教化”对高校思想政治教育的当代价值阐析》，《社会科学战线》2009 年第 10 期。

接受音乐教育和熏陶，激发其内心的真实情感，净化其思想，美化其心灵，升华其精神，进而促使其形成健全、和谐的高尚品格。

三、礼法互补

礼起源于祭祀仪式。这种仪式从一开始就具有突出的秩序性和规范性。李泽厚认为这套“礼仪”对每个氏族成员都具有极大的强制性和约束力，它相当于后世的法律，实际是一种未成文的习惯法。① 进入阶级社会以后，礼的内容也由单纯的习俗仪式发展成规范婚姻、血统、君臣等的行为规则，并逐渐制度化、法律化。周公制礼的实质是确立贵贱尊卑的等级秩序和制度。② 孔子以仁释礼，主张“非礼勿视，非礼勿听，非礼勿言，非礼勿动”（《论语·颜渊》），让礼成为人们日常生活的行为规范。礼与法都是社会统治的重要手段，但与法相比，礼具有更多的道德内涵，不仅能够让人们遵守规则，更能够让人明白廉耻、走上正路，“道之以政，齐之以刑，民免而无耻。道之以德，齐之以礼，有耻且格”（《论语·为政》）。荀子“隆礼至法”（《荀子·君道》），认为“治之经，礼与刑”（《荀子·成相》），将礼与法作为治理国家、安定社会的两大根本手段。但他认为礼比法具有更加重要的地位，礼是法的指导原则，“礼者，法之大分、类之纲纪”（《荀子·劝学》）。由此可以看出，在先秦儒家的观念中，礼是具有更高意义的根本大法，与法律、权力密切结合，形成外在的社会控制，与道德、习惯联系在一起，形成更普遍的内在的社会控制。③ 制度化、法制化让道德教化与法律规制相互渗透，为礼在社会中发挥作用提供了强有力的外部支撑。

随着社会主义市场经济的不断发展，人们的价值取向日益多元化，要提

---

① 李泽厚：《中国古代思想史论》，天津社会科学院出版社 2003 年版，第 2~3 页。

② 张晋藩：《论礼》，《社会科学战线》1998 年第 3 期。

③ 邵方：《礼的本质及其法律意义分析》，《甘肃政法学院学报》2007 年第 4 期。

高当代大学生礼仪教育的实效性就需要借鉴先秦儒家礼育的制度化、法制化经验，用制度和法律为礼仪教育提供保障。当前，大学生礼仪教育还存在制度意识淡薄、制度设计不完善、制度运行不畅、制度规范刚性不足等问题。大学生礼仪教育制度化建设需要从教育主体、途径、资源、管理四个维度横向再拓展，从政策体系建设上纵向再深化。大学生礼仪教育法制化建设还需要从加强专项立法、推动规范入法、促进政策法制化等方面再努力。①

四、榜样示范

榜样示范法也叫典型教育法，是通过典型的人或事进行示范，用他们的高尚品德、模范行为和卓越成就影响受教育者，促使受教育者提高思想认识、自觉向榜样看齐的教育方法。先秦儒家特别重视榜样的示范作用，尤其是君主、君子的示范作用。孔子说“其身正，不令而行；其身不正，虽令不从”（《论语·子路》），“上好礼，则民莫敢不敬”（《论语·子路》）。大学生礼仪教育同样需要榜样，这些榜样可以分为三类。

一是名人楷模。中国古代有曾子避席、程门立雪、廉蔺交欢等脍炙人口的礼仪故事。这些守礼的故事在中国传统礼育中发挥了重要作用。周恩来特别重视礼仪修养，他一生都将南开中学东楼走廊“大立镜”上的“容止格言”（“面必净，发必理，衣必整，钮必结。头容正，肩容平，胸容宽，背容直。气象：勿傲、勿暴、勿怠。颜色：宜和、宜静、宜庄”）作为自己的言行标准，由此形成了他翩翩君子的独特形象与气质。他还特别重视外交礼仪，以自己杰出的外交礼仪获得了高度评价。在大学生中开展礼仪教育时，可以在课堂上穿插讲授这些历史文化名人守礼的故事，也可以通过广播、网站、宣传栏、校报等多种方式宣传介绍这些故事，让学生在学习礼仪故事的过程中感受礼仪的魅力，不断提升礼仪修养。

---

① 彭扬、李忠军：《大学生思想政治教育制度体系建设格局、现状与建议》，《思想政治教育研究》2015 年第 3 期。

二是教师模范。对于涉世未深的大学生来说，教师不仅是知识的传授者，更是言行的示范者。教师的礼仪示范能起到良好的表率引导作用。教师在礼育中的榜样作用绝非停留在一时的为人师表，更重要的是个人品德的全面展现。教师平时无意间的一举一动、一言一行都会对学生的情、志产生影响。[①] 教师只有注重自省自谦，才能真正发挥榜样示范作用。高校应当有计划地加强教师礼仪培训，将教师礼仪作为教师入职、培训的重要内容，不断提升他们的礼仪修养。高校教师应注重自己的仪表形态，加强自身的礼仪修养，在与学生接触的过程中，尤其是在教学过程中，注意自己的言行规范，表现出应有的举止风范，时刻注意自己肩负的教书育人的重任，不说不符合教师身份的话，不做不符合教师身份的事，真正做到为人师表，以自己的言传身教潜移默化地影响学生。

三是朋辈榜样。朋辈教育是大学生进行自我教育的有效方式，能够起到老师、长辈教育所起不到的效果。要善于发现学生的长处，对涌现出来的爱亲孝老、见义勇为、自强不息等文明守礼的学生典型，通过主题班会、小组讨论等多种途径宣传展示，做到发现榜样、树立榜样、宣传榜样、推广榜样，引导学生自觉向榜样看齐，激励鞭策大学生自觉践行礼仪规范。

五、自我教育

内因对事物的发展起决定作用。在礼仪教育中，大学生的自学、自省、自律才是践行礼仪的关键因素。大学生是高校礼仪教育的实践主体，只有真正认识到自身的主体地位，加强自我教育，才能切实增强礼仪教育的实效性，实现自身的全面发展。自我教育是大学生自我认识、自我体验和自我控制全过程的综合体现，是主体我对客体我进行统一教育的一种方式，是主体根据社会和自我发展需要，通过不断提高自身修养，成为能够独立思考、自

---

① 彭林等主编：《礼乐 01：大学之道》，金城出版社 2013 年版。

我实现、符合社会发展需要的人的过程。① 因此，在礼仪教育中，我们应特别重视大学生的自我教育。

君子人格是先秦儒家追求的理想人格。要达到君子的标准，自我修养是最佳路径。《礼记 · 大学》就是儒家自我修养的总纲，提出修身是做人最根本的法则，良好的自我修养是整顿家族、治理国家、平定天下的基础，“古之欲明明德于天下者，先治其国；欲治其国者，先齐其家；欲齐其家者，先修其身……身修而后家齐……自天子以至于庶人，壹是皆以修身为本”。孔子非常重视君子的自我修养，在不同的场合多次提到君子要重视自我修养，并提出了自我修养的方法。子路向孔子请教什么是君子，孔子回答君子应当“修己以敬”“修己以安人”“修己以安百姓”（《论语 · 宪问》）。这与《礼记 · 大学》提出的修身齐家治国平天下的理路是一致的。礼是成为君子的重要标准，“君子博学于文，约之以礼，亦可以弗畔矣夫”（《论语 · 雍也》），“君子敬而无失，与人恭而有礼”（《论语 · 颜渊》）。礼是实现君子人格的重要路径，“质胜文则野，文胜质则史。文质彬彬，然后君子”（《论语 · 雍也》）。只有文采与质朴并重，才能成为君子。这里的文就是指合乎礼的外在表现。

孟子更加重视人的自我修养，认为君子应更加重视内心的追求，将道德修养比喻为射箭，如果不能射中目标就应该反省自己，“仁者如射，射者正己而后发，发而不中，不怨胜己者，反求诸己而已矣”（《孟子 · 公孙丑上》）。如果关爱别人，别人却不亲近自己，就要反省自己是否足够仁；管理百姓，百姓却没管理好，就要反省自己是否足够智；礼遇别人，别人却不理自己，就要反省自己是否足够敬。每当做事没有达到预期目的时，我们首先要自我反省，从自身找原因。这就是孟子所说的“爱人不亲，反其仁；治人不治，反其智；礼人不答，反其敬。行有不得者皆反求诸己，其身正而天下归之”（《孟子 · 离娄上》）。

荀子认为学习研究礼义、熟悉贯通礼义、积累礼义方面的知识、爱好礼义，是做君子的开始，“君子者，礼义之始也。为之、贯之、积重之、致好

① 杨兴国：《自我教育的反思与求索》，《教育探索》2013 年第 1 期。

之者，君子之始也”（《荀子 · 王制》）。他认为能够遵循礼仪、重视礼仪，就是有原则的贤德之人，“法礼足礼，谓之有方之士”（《荀子 · 礼论》）。荀子还指出，应严谨对待生死之事，君子应当始终如一，严肃慎重地对待人生的始终，这是礼义的基本规定，“故君子敬始而慎终。终始如一，是君子之道、礼义之文也”（《荀子 · 礼论》）。

通过自我反省、自我修正等方式不断加强自我修养是先秦儒家加强礼仪教育、普及礼仪规范的重要方法，修身是中国传统社会对君子、圣人的基本要求。大学生加强礼仪修养同样要从自身做起，要自觉对照礼仪规范检查自己的哪些行为做得还不够好，自觉反省替别人办事是否做到了尽心尽力，与朋友交往的时候是否做到了诚实守信，对所学的知识是否做到了及时复习，也就是曾子所说的“吾日三省吾身”（《论语 · 学而》）。加强自我教育并不意味着教育者要放弃育人的责任，而是要求教育者在礼仪教育中注重发挥学生的主体作用，根据他们的年龄阶段、心理特征有针对性地开展礼仪教育，采用参与式、体验式教学方法，激发学生学习礼仪的主动性和积极性，将“要我学”转换为“我要学”，引导学生主动学礼、明礼、践礼。

第三节　大学生礼仪教育对先秦儒家礼育思想的理念传承

先秦儒家礼育思想中蕴含的因人之情、以时为大、适度权变、关系对等、多维共建等教育理念历久弥新，对当代大学生礼仪教育仍具有借鉴和参考价值，值得传承。但这种传承不是原封不动地照搬，而是结合时代发展和大学生实际的创新性传承。

一、因人之情

在先秦儒家看来，礼就是为了顺应人情产生的，“礼者，因人之情而为之节文”（《礼记 · 坊记》）。因此他们将人性作为礼育的基础和出发点。孔子将仁作为礼的本质，同时提出“仁者爱人”的观点。这本身就蕴含着对人性的充分尊重。无论是孟子的“性善论”，还是荀子的“性恶论”，他们的理论基点都是人性，他们的礼育思想也都建立在各自的人性论基础上。当代大学生礼仪教育应该传承和弘扬先秦儒家礼育思想中的优秀传统，努力做到以人为本，充分尊重学生的主体地位，研究和掌握学生的生理、心理特点，围绕学生、关照学生、服务学生，制定符合大学生身心特点的教育体系，以促进学生的个性发展和自我提升。这就要求大学生礼仪教育要以学生为中心，尊重学生、理解学生、信任学生，充分激发学生的主观能动性；要着重培养学生的主体意识，使学生能够做到自我认识、自我规划，提高礼仪学习的规划性、主动性和积极性；要注重发挥学生的主体能力，使学生能够充分利用内外部条件主动提升自身的礼仪素养；要着重塑造学生的主体人格，使学生能够实现全面健康发展，从而推动礼仪教育目标的实现。

先秦儒家认为外在的礼仪表现仅仅是形式，关键要具备礼所要求的精神实质。孔子将行礼时所表现出的内心情感作为评价一个人的重要标准，他曾说：“居上不宽，为礼不敬，临丧不哀。吾何以观之哉？”（《论语 · 八佾》）当代大学生礼仪教育要充分挖掘先秦儒家礼育思想所蕴含的对人性的尊重、对人的关怀等人文精神，将培养大学生的礼义精神作为礼育的终极目标，着重突出礼仪教育中契合社会主义精神文明建设的价值取向，积极传播正能量。礼仪教育不仅是要塑造大学生良好的外在形象，更是要培养其良好的道德品质。与周到的礼节相比，大学生礼仪教育更应注重内心品德的培养，没有坚实的道德基础，周到的礼节只会虚有其表、苍白无力，正如孔子所言“丧，与其易也，宁戚”（《论语 · 八佾》）。礼仪教育旨在引导学生在生活、学习、工作中做到仁、和、孝、诚、敬、爱等，这也体现了中华优秀传统礼仪文化的本质。大学生礼仪教育就是要把理论的情感映射和相应的礼仪规范有机结合起来①，着重突出传统礼仪文化的精神内核，突出中华优秀传统文化的特色，坚持以人为本，根据学生的身心特点和成长规律开展教育，不断提高教育的针对性和实效性。

二、以时为大

按照历史唯物主义的观点，礼仪属于上层建筑，其具体形态是由其所处时代的经济基础决定的。“这些生产关系的总和构成社会的经济结构，即有法律的和政治的上层建筑竖立其上并有一定的社会意识形式与之相适应的现实基础。”② 经济基础决定上层建筑，礼仪必然也会随着社会的发展而发展。在先秦儒家看来，礼不是一成不变的，要根据时代发展和实际情况做出变化，正如《礼记·礼器》所说“礼，时为大”。我们通过孔子弟子宰我的表述可以看出，夏殷周三代在祭祀土神时所列牌位用料的不同，“夏后氏以松，殷人以柏，周人以栗”（《论语·八佾》）。虽然孔子竭力主张恢复周代礼制，“周监于二代，郁郁乎文哉！吾从周”（《论语·八佾》），但他并不主张对周礼原封不动地继承照搬，而是认为要在损益的基础上有所创新，“殷因于夏礼，所损益，可知也；周因于殷礼，所损益，可知也。其或继周者，虽百世，可知也”（《论语·为政》）。孔子“援仁入礼”，赋予周礼全新的内涵。孟子为道德之礼提供心性论的依据，使先秦礼学获得进一步发展。荀子“援法入礼”，为先秦礼学提供了另一发展理路。由此可以看出，先秦礼学本身就在不断发展。

对于中国传统礼仪，我们同样要秉持“有所损益、合理扬弃”的原则，与时俱进，努力实现其创造性转化和创新性发展，赋予传统礼仪新的生命。但需要明确的是，不管礼仪形式如何变化，隐藏在形式背后的仁、和、敬、

---

① 马婷婷、林美卿：《传统礼仪文化融入高校思想政治教育途径和方法研究》，《教育探索》2015 年第 9 期。

② 中共中央马克思恩格斯列宁斯大林著作编译局编译：《马克思恩格斯选集》（第二卷），人民出版社 2012 年版，第 2 页。

义等礼义精神都应当为我们所传承和发展。正如学者所说，所有礼仪的目的都是表达内心对他人的尊敬，如果我们纠缠于形式，不关注形式背后的意义，就很难继承中国传统。“至于这些礼貌的形式，是随着时代不断在改变的，也可以并存，愿意行跪拜礼就行跪拜礼，不愿意行跪拜礼就行鞠躬礼，鞠躬礼也不愿意行的，那就拱手礼。”①

随着改革开放的不断深入、“一带一路”倡议的持续推进，中国与世界各国的交往日益密切，将各国风俗礼仪、涉外礼仪等融入大学生礼仪教育已经成为时代发展的必然要求。需要与时俱进的不只是礼育的内容，礼育的方法、途径同样需要跟上时代的发展。当代大学生生活在网络时代，网络已经成为他们生活、学习不可分割的一部分，如何通过网络开展礼仪教育是当前大学生礼仪教育不可回避且必须要解决的问题。按照党的十九大的总体规划，2050 年将全面建成富强民主文明和谐美丽的社会主义现代化强国。当代大学生将是实现这一目标的主力军。社会主义现代化不仅是物质文明的现代化，更是精神文明的现代化。建立与时代发展相适应的大学生礼仪教育体系，着力提升大学生的文明素养，引导大学生在知礼明礼中培育和践行社会主义核心价值观，是当代大学生礼仪教育的时代责任。

三、适度权变

适度就是在运用礼仪时，既要遵守通用的礼仪规范，又要具体问题具体分析，掌握分寸，不能做得过了头，也不能做得不到位。先秦儒家虽然重视礼仪的规范作用，但并不是要求人们死守礼节，而是要把握适度原则，根据实际情况做出适当的调整。这与后世“饿死事小，失节事大”的僵化之礼、机械之礼形成了鲜明对比。

《礼记·曲礼》对守丧之礼的描述就很好地体现了适度原则。虽然因哀

---

① 赵振江：《只知道礼教是吃人的，传统文化无法真正传承下来》，《东方早报》2015 年 3 月 27 日。

伤而消瘦但不要瘦到露出骨头，视力和听觉也不要因此减退，如果孝子因为经不起哀痛以致身体受损，就会被看作不慈不孝。五十岁守丧，不可因悲痛而损伤身体。六十岁守丧，不可影响健康。七十岁守丧，只穿丧服在身，可以饮酒吃肉，住在室内。“居丧之礼，毁瘠不形，视听不衰……不胜丧，乃比于不慈不孝。五十不致毁。六十不毁。七十唯衰麻在身，饮酒食肉，处于内。”（《礼记 · 曲礼上》）孔子认为不讲礼仪、过于质朴就会使人显得粗野，过于重视礼仪而忽视本性就会使人显得虚浮，礼仪与本性配合适当，才能展现良好的文明修养，才能成为翩翩君子。

孟子同样主张是否守礼要根据实际情况做出适时判断。淳于髡曰：“男女授受不亲，礼与？”孟子曰：“礼也。”曰：“嫂溺，则援之以手乎？”曰：“嫂溺不援，是豺狼也。男女授受不亲，礼也；嫂溺，援之以手者，权也。”（《孟子 · 离娄上》）孟子在这里提出男女之间必须严格遵循礼制，要授受不亲，但见死不救无异于没有人性的豺狼，人性也就变成了兽性。礼的作用就是要充分发挥人的善端，没有了人性，礼制又有何意义！因此，援救掉入水中的嫂子正是践行礼的具体表现。①

由此可以看出，先秦之礼所遵循的适度原则主要表现在两个方面：一是相称，二是中庸。② 我们今天的不少礼仪都违背了先秦儒家礼育的适度原则，比如部分地区的订婚彩礼日益高涨，盲目攀比之风盛行，即使新郎家里已经砸锅卖铁、债台高筑，也要拿出“三斤三两”或“万紫千红”的彩礼，有些则要求有“一动不动”③，这违背了婚礼“合二姓之好……所以敬慎、重正昏礼也”（《礼记 · 昏义》）的本意。大学生礼仪教育应该继承和发扬先秦

---

① 马永庆：《孟子的权变伦理思想评析》，《哲学研究》2005 年第 5 期。

② 张自慧：《礼文化与致和之道》，上海人民出版社 2012 年版，第 151 页。

③ 高祥等：《彩礼“万紫千红” 分量越来越重》，《齐鲁晚报》2013 年 12 月 11 日。文中所谓“三斤三两”指现金彩礼要重达“三斤三两”，约 14 万元。所谓“万紫千红”就是 1 万张 5 元加上 1000 张 100 元，总计 15 万元。“一动不动”中的“一动”指汽车，“不动”则指不动产，也就是房子。

儒家礼育的适度原则，引导大学生充分认识礼仪的适度原则，既不能不重视礼仪，又不能过于拘泥于礼仪，应根据实际情况做出适当的应变，力争做到既尊师敬长又不畏惧权威、既遵守礼制又不墨守成规、既热情周到又不轻浮谄媚、既坚持原则又不丧失本性、既亲切随和又不随波逐流、既与人为善又不同流合污。当然，在社会交往中如何恰当地把握礼仪的尺度是一个令孔子都头疼的问题，“事君尽礼，人以为谄也”（《论语·八佾》）。这就要求当代大学生既要主动学习相关礼仪知识，又要在运用礼仪的实践中不断摸索、总结、调整，让自己真正成为文质彬彬的君子。

四、关系对等

近代以来，“君为臣纲，父为子纲，夫为妻纲”作为儒家礼教让人“愚忠”“愚孝”“愚从”进而丧失自主人格的证据备受批判。陈独秀将“三纲说”作为“孔教之根本要义”，对其进行了严厉批判。[①] 回顾先秦儒家的相关论述，我们会发现先秦儒家从未要求君臣、父子、夫妻关系中臣、子、妻对君、父、夫无条件地绝对服从。

虽然孔子提出了“君君，臣臣，父父，子子”（《论语·颜渊》），但他要表达的仅仅是君要像君、臣要像臣、父要像父、子要像子，也就是君臣父子要各尽其职。以君臣关系为例，定公问孔子君主使用臣子，臣子侍奉君主，应该怎么做。孔子回答：“君使臣以礼，臣事君以忠。”（《论语·八佾》）也就是说，孔子认为只有君使臣以礼，臣才会事君以忠。孔子在回答季子然的问题时说，“所谓大臣者，以道事君，不可则止”（《论语·先进》），更加明确地表达了大臣不必对君主愚忠的观点。这种君臣关系在孟子那里体现得更加明显。孟子在与齐宣王对话时说：“君之视臣如手足，则臣视君如腹心；君之视臣如犬马，则臣视君如国人；君之视臣如土芥，则臣视君如寇仇。”（《孟子·离娄下》）当齐宣王向孟子询问关于卿的事情时，孟子回答

---

① 陈独秀：《宪法与孔教》，《新青年》1916 年第 2 卷第 3 号。

说：如果国君有极大的过错，贵戚之卿就劝谏，反复劝谏也不听，就另立国君；如果国君有过错，异姓的卿就劝谏，反复劝谏也不听，就辞官离开。而对于周公替成王执政一事，荀子认为这是君权更替的法定次序，受礼法节制而正应如此，即“君臣易位而非不顺也”（《荀子·儒效》）。由此可以看出，在先秦儒家看来，君臣之间的关系是相互的，臣可以根据君的情况做出自己的选择。

在其他人伦关系上，先秦儒家同样强调关系的相互性、对等性，从未要求一方无条件地服从另一方。比如《礼记·礼运》指出：“父慈、子孝、兄良、弟弟、夫义、妇听、长惠、幼顺、君仁、臣忠，十者谓之人义。”孟子认为“父子有亲，君臣有义，夫妇有别，长幼有叙，朋友有信”（《孟子·滕文公上》）。虽然我们今天奉以德报怨为美德，但孔子认为如果以德报怨，那怎么报德，应该“以直报怨，以德报德”（《论语·宪问》）。礼仪强调的尊重是相互的，在上下级、前后辈之间更是如此。为上、为老者要懂得尊重为下、为小者，不能仗势凌人；为下、为小者要做到自尊而尊人，不要为了讨好而谄媚为上、为老者。大学生礼仪教育应该继承和发扬先秦儒家礼育的对等思想，尊重学生的主体地位，引导他们追求独立之思想、自由之人格。

五、多维共建

自周代开始，中国传统社会就形成了一套完备的政教一体、官师合一的体制，以确保将儒家思想观念、伦理道德和礼仪规范传输到社会的各个阶层。① 先秦儒家礼育思想之所以能够在中国传统社会中保持旺盛的生命力，主要得益于从政府、社会到学校的多层次、全方位的教育体系。从纵向上来看，儒家礼育体系上有国家典章制度，下有乡约家礼；从横向上来看，冠礼、婚礼、丧礼、乡射礼等各种礼制、礼仪贯穿人的一生，成为人们日常生

---

① 徐朝旭：《论先秦礼的德育功能》，《教育研究》2007 年第 4 期。

活的一部分。这样的网状教育体系就形成了一种多维共建、协调有序的生态育人机制。这一机制让每个人时时刻刻都处在礼的约束与规范之中。儒家礼仪就在这种机制运转中得到传承与发展。

当前大学生礼仪教育要想取得更好的效果，也需要在全社会构建一种齐抓共管、协调有序的生态育人机制。从社会大系统来说，应把大学生礼仪教育上升到为中国特色社会主义事业培养合格建设者和可靠接班人、事关中华民族伟大复兴的中国梦能否顺利实现的高度来认识，这绝不是高校一方的责任，需要政府、社会、家庭各方共同努力，一起为大学生礼仪教育提供良好的氛围和条件。

各级政府要大力倡导和弘扬中华优秀传统礼仪文化，将文明礼仪守则落实到乡村、企业、社区、机关、学校等，选树孝亲敬德模范典型并予以大力表彰。各类文化单位、文化阵地平台都要担负起守护、传播和弘扬中华优秀传统礼仪文化的职责。各行政机关、事业单位、企业都要高度重视员工的礼仪教育，将礼仪文化建设与职业道德建设相融合。报纸、书刊、电台、电视台、互联网站等各类媒体要加强礼仪文化宣传，创新表达方式，广造舆论，大力彰显礼仪文化的魅力。各级领导、各类公众人物要发挥示范作用，发挥先进模范的表率作用。各类研究机构、学者要做好中华优秀传统礼仪文化的整理、阐释、转化、创新工作，让中华优秀传统礼仪文化与当今时代精神紧密结合，与践行社会主义核心价值观相结合。普通家庭要重视家风、家训的传承和建设，让文明礼仪、尊老孝亲成为家庭成员的自觉行为。全社会要共同行动起来，积极营造知礼明礼、守礼行礼的良好风气，为大学生礼仪教育创造浓厚的社会氛围。

高校自身应该认识到大学生礼仪教育不只是礼仪课程开课老师或辅导员的事，而是学校所有职能部门和全体教职工共同的责任。高校要着力加强校园礼仪文化建设，悬挂文明守则、行为规范、名人名言、礼貌用语等标牌，举办礼仪讲座，开展礼仪活动，组织礼仪实践，倡导文明新风，营造浓厚的礼仪文化学习氛围，让学生在潜移默化中接受礼仪教育、提升礼仪素养。

无论是从社会大系统来看，还是从高校自身来讲，这种生态育人机制都不应是空洞无物的口号和高高在上的形式。我们应该借鉴先秦儒家礼育思想的经验，将礼育落细、落小、落实，让礼仪应用生活化、日常化、具体化，让大学生在无形中接受礼的熏陶和浸润。

第四章

先秦儒家礼育思想在大学生礼仪教育中的转化与创新

先秦儒家礼育思想不可避免地具有时代局限性，要想发挥其在大学生礼仪教育中的作用，切实解决大学生礼仪教育中存在的问题，就必须对其进行创造性转化和创新性发展。在大学生礼仪教育中实现对先秦儒家礼育思想的创造性转化和创新性发展，关键在于找到合适的路径。

第一节　先秦儒家礼育的路径

先秦儒家构建了遍布社会各个层面的礼育体系。每个人都是这个体系中的一员，自觉不自觉地接受着礼文化的熏陶和影响。先秦儒家礼育的路径是多维度的，涉及官府、学校、社会、家庭等多个方面。梳理先秦儒家礼育的路径是实现其创造性转化和创新性发展的基础工作。

一、官府垂范

西周社会是建立在宗法制基础上的。这就要求明确各级各类大小宗主的权利和义务，西周礼制应运而生。因此，先秦礼育首先是对君主和各级官僚的教育。在宫廷之中，有太师、太保、太傅等对帝王及其后代进行教育；在地方，行政长官兼有社会教化之责。① 《仪礼》记载的 10 余种礼仪起初都是针对王公贵族的礼仪规范。比如其中的燕礼就是宴饮之礼，目的在于明君臣上下相尊之义。② 文王、武王也是践行礼仪的典范。文王继位后，敬老爱幼，礼贤下士，吸引了伯夷、叔齐、太颠、闳夭、散宜生等人投靠。武王即位，先后举行了泰誓与牧誓，灭商之后举行了大规模的献俘礼并分封诸侯，这是声势浩大的礼仪演示会，也是对民众的礼仪教育。

东周之后，诸侯兴起，王室逐渐衰弱，建立在宗法制基础上的礼仪制度

① 梅汝莉等主编：《中国教育通史 1　先秦卷》（上），北京师范大学出版社 2013 年版，第 76 页。

② 彭林：《中国古代礼仪文明》，中华书局 2013 年版。

受到了极大冲击，但孔子仍竭力维护周礼，希望君子能够遵守礼制、率先垂范，发挥引领作用，“上好礼，则民莫敢不敬”（《论语 · 子路》）。比如在穿衣上，他说：“君子不以绀緅饰，红紫不以为亵服。当暑，袗絺绤，必表而出之。缁衣，羔裘；素衣，麑裘，黄衣，狐裘。亵裘长，短右袂。必有寝衣，长一身有半。狐貉之厚以居。去丧，无所不佩。非帷裳，必杀之。羔裘玄冠不以吊。吉月，必朝服而朝。”（《论语 · 乡党》）他认为君子的言行对社会民众具有极大的影响，君子的示范作用是最好的为政之道，“子为政，焉用杀？子欲善而民善矣。君子之德风，小人之德草。草上之风，必偃”（《论语 · 颜渊》）。“政者，正也。子帅以正，孰敢不正？”（《论语 · 颜渊》）“其身正，不令而行；其身不正，虽令不从。”（《论语 · 子路》）

孟子将礼视为君子的基本素质，认为只有遵循且亲自践行礼才能成为君子、大丈夫，“居天下之广居，立天下之正位，行天下之大道……此之谓大丈夫”（《孟子 · 滕文公下》）。他希望仁人君子能慎重对待礼、义，不要践行假的或似是而非的礼、义，“非礼之礼，非义之义，大人弗为”（《孟子 · 离娄下》）。他认为君主应当实行仁政，主动与百姓交往，在与民同乐的过程中引导百姓遵从礼乐，“此无他，与民同乐也。今王与百姓同乐，则王矣”（《孟子 · 梁惠王下》）。

荀子将礼作为治理国家的根本大法，认为古代的君王先通晓礼，然后才普遍施行于天下，他们的行为都符合礼的规范，“古者先王审礼以方皇周浃于天下，动无不当也”（《荀子 · 君道》）。商汤、周武王之所以能够凭百里之地统一天下、臣服诸侯，就是因为他们实行了礼，“汤以亳，武王以鄗，皆百里之地也，天下为一，诸侯为臣，通达之属莫不从服，无它故焉，以济义矣”（《荀子 · 王霸》）。他认为做君主就应当施行礼，公正无私，“请问为人君？曰：以礼分施，均遍而不偏”（《荀子 · 君道》）。

在先秦儒家看来，君王、君子率先施行礼是礼制的题中应有之义，也是用礼来维护社会稳定的必然要求。

二、学校教育

学校是传授知识、培养人才的重要场所，中国自古就有尊师重教的传统。早在原始社会，就已经有了学校的萌芽——明堂。后来，学校逐渐成为重要的教育场所。从原始社会到夏商周，礼仪教育一直是学校教育的重要内容。根据文献记载，明堂最早出现在神农氏时期，是为了某种礼制目的而设立的，最初只是一个简单的祭天行礼的场所，后来逐渐成为公众集会之处，具有祭祀、青年教育、训练、养老等功能，上古习射，必于明堂。由此可见，上古时期，明堂就已经成为重要的教育场所。虽然原始社会有关礼的内容比周礼简陋得多，但礼仪教育是明堂教育的重要内容。《礼记·祭义》中的“祀乎明堂”“祀先贤于西学”就是吉礼的内容，“朝觐”则是嘉礼的内容。①

《孟子·滕文公上》云：“设为庠序学校以教之。庠者，养也；校者，教也；序者，射也。夏曰校，殷曰序，周曰庠，学则三代共之，皆所以明人伦也。”虽然夏代是否存在学校这一问题还未从出土的文物中得到证实，但据《礼记·王制》的记载（“夏后氏养国老于东序，养庶老于西序”）可知，养老敬老已经成为夏朝重要的教育内容。历史典籍中有关商朝学校的记载已经比较丰富详尽。商朝学校教育的内容主要有习礼和明武两方面，而习礼主要是学习祭祀和乐歌。需要指出的是，商朝特别重视孝悌教化，从甲骨文中“教”字的字形来看，其本义是用棍棒迫使儿子尽孝。在商朝统治者看来，孝祖和敬神是一回事，因此“孝”就成了他们的最高道德。② 所谓“上老老而民兴孝，上长长而民兴弟，上恤孤而民不倍”（《礼记·大学》），这基本反映了商朝的教育目的。

---

① 梅汝莉等主编：《中国教育通史 1　先秦卷》（上），北京师范大学出版社 2013 年版，第 35~38 页。

② 张瑞璠主编：《中国教育史研究·先秦分卷》，华东师范大学出版社 2009 年版，第 14 页。

西周时期，已经有了较为完善的教育体系，在王城和诸侯国都设有国学，在乡遂设有乡学。国学又可分为大学、小学，大学又可分为辟雍和泮宫。成康之世，已经形成了文武兼备的六艺教育，即学习礼、乐、射、御、书、数这六门课程，其中礼、乐是主干课程，礼、乐互为表里、不可分割。《周礼·地官司徒》曰："保氏掌谏王恶。而养国子以道：乃教之六艺：一曰五礼，二曰六乐，三曰五射，四曰五驭，五曰六书，六曰九数；乃教之六仪：一曰祭祀之容，二曰宾客之容，三曰朝廷之容，四曰丧纪之容，五曰军旅之容，六曰车马之容。"由此可以看出，礼乐教育是西周学校教育的重要组成部分。周礼的内容丰富而繁杂，大体来说，包含以下三个方面：一是关于贵族君臣、父子、兄弟、夫妇、朋友之间上下尊卑关系的规定；二是关于贵族的衣食住行、婚嫁丧葬等一切行为的规范；三是政治、军事、法律制度。①

夏商周学校教育的突出特点是"学在官府"，只有贵族子弟才有资格接受教育。春秋时期，随着社会经济的发展，原有的分封制、宗法制和井田制逐渐崩溃，"礼不下庶人"的等级格局逐渐被打破，由士大夫阶层创办的私学开始兴起，孔子就是其中的典型代表。孔子创办私学以后，首倡"有教无类"，开始不分贵贱、贫富、等级地招收学生，为中国教育事业的发展做出了不朽的贡献。孔子将礼作为重要教育内容，要求弟子的视、听、言、动都要符合礼的规范，"非礼勿视，非礼勿听，非礼勿言，非礼勿动"（《论语·颜渊》）。他告诫弟子要"立于礼"（《论语·泰伯》），只有遵从礼，才能安身立命。孔子将礼作为成人的重要标准，"若臧武仲之知，公绰之不欲，卞庄子之勇，冉求之艺，文之以礼乐，亦可以为成人矣"（《论语·宪问》）。在学礼和行礼方面，孔子反对形式主义，"知和而和，不以礼节之，亦不可行也"（《论语·学而》）。自孔子始，礼育成为我国古代学校教育的重要内容。

---

① 梅汝莉等主编：《中国教育通史 1　先秦卷》（上），北京师范大学出版社 2013 年版，第 95~96 页。

在教学方法上，先秦儒家在礼仪教育中普遍重视往圣先贤的榜样示范作用。孔子将文王、武王、周公等视为学习的楷模，将“不复梦见周公”（《论语·述而》）作为自己已经衰老的征兆。孟子认为要“守先王之道”（《孟子·滕文公上》），认为侍奉君主不讲忠义、进退不讲礼仪、开口则诋毁先王之道的人，就跟多言无义的“沓沓”者一样，“事君无义，进退无礼，言则非先王之道者，犹沓沓也”（《孟子·离娄上》）。荀子认为先王之道就是推崇贤人、使用能人，赏功罚罪，“夫尚贤使能，赏有功，罚有罪，非独一人为之也，彼先王之道也”（《荀子·强国》）。先王厌恶祸乱，所以才制定礼义来调节物与欲的关系，“先王恶其乱也，故制礼义以分之，以养人之欲，给人之求，使欲必不穷乎物，物必不屈于欲，两者相持而长，是礼之所起也”（《荀子·礼论》）。荀子还重视教师在礼仪教育中的作用，认为教师是阐明礼法的人，他们以身作则，又安守礼法，“礼者，所以正身也；师者，所以正礼也……夫师，以身为正仪而贵自安者也”（《荀子·修身》）。荀子认为，没有比接近贤师更方便、更有效的学习方式了，“学莫便乎近其人……学之经莫速乎好其人”（《荀子·劝学》）。

先秦儒家还注重采取情景教学，即通过各种典礼仪式向学生展示礼仪规范，又通过向教师行礼等多种方式让学生运用礼仪。中国传统社会会定期或不定期举行各种典礼，如入学礼（含释菜礼、释奠礼等）、敬师礼、射礼、乐舞礼、飨宴礼、养老礼、献俘礼等。这些典礼为人们提供了一种生动、直观甚至是亲身参与的礼仪学习形式。① 《礼记·文王世子》就记载了古代天子视学的全过程，包含“养老礼”和“乞言礼”，所有参加典礼的人在实际体验中完成君臣间理想的互动，通过仪式演示、榜样模仿对理想行为模式进行学习。先秦儒家正是通过情景教学和实际操练，让学生在深刻感受礼仪精神内涵的同时，将其转化为内在的自觉行动。

---

① 戴庞海：《略论西周时期的礼仪教育》，《郑州大学学报（哲学社会科学版）》2006 年第 3 期。

三、社会教化

儒家的教化思想可以追溯到上古时期的重大祭祀活动，“观天之神道，而四时不忒。圣人以神道设教，而天下服矣”(《周易》)。也就是说，圣人通过观察天地四时，用天之神道教化百姓，进而使天下臣服。孔子所说的“祭如在。祭神如神在”(《论语·八佾》)表达的也是这个意思。祭神以礼，明礼重教，教礼匡民，一同天下人之义，这是中国传统社会最基本的治国手段。① 先秦儒家以继承传统为己任，将礼作为其思想体系的重要内容，重视发挥礼的教化作用。周公制礼的目的之一就是进行社会教化。西周的社会制度和政治形态决定了其社会教化主要由中央及地方行政机构明令推行，主要的教化途径有朝廷训俗、聚民读法、采风易俗、举行礼仪活动等，在教化内容上强调忠、孝、礼、义、中、和、节、恤、睦等，西周的教化制度为以后整个中国传统社会的教化之道奠定了基础。②

《仪礼》和《礼记》记载的乡饮酒礼、乡射礼、燕礼、大射礼以及士相见礼等社会礼仪活动是重要的社会教化方式。比如，始于周代的乡饮酒礼就体现了尊贤养老的思想，周代乡大夫需要在学有所成的“学士”中选拔推荐贤能者给天子或诸侯，为了表示尊重，乡大夫先要以主人的身份在乡学校中与贤能之士饮酒，以倡导尊重人才的风气，这就是乡饮酒礼。乡饮酒礼包括谋宾、迎宾、献宾、乐宾、旅酬、无算爵乐、宾返拜等环节，从选定宾客、迎接宾客、乐曲演奏、劝酒、饮酒到宾客返拜，每一个环节都有明确的礼仪规程，每一个规程都有其象征意义。比如，主人与宾客入门后，每逢拐弯处都要作揖，经过三次作揖来到各自的台阶前，又经过三次作揖谦让才上堂。之所以如此，是因为“君子尊让则不争，絜、敬则不慢。不慢不争，则远于

---

① 唐国军：《“修身”与“教化”：儒家思想政治教育体系论——儒家传统思想政治教育理论模式研究之一》，《广西社会科学》2007 年第 11 期。

② 梅汝莉等主编：《中国教育通史 1　先秦卷》（上），北京师范大学出版社 2013 年版，第 92~95 页。

斗、辨矣，不斗、辨，则无暴乱之祸矣”（《礼记·乡饮酒义》）。还有一种是在每年的春、秋射礼之前或十二月大蜡祭时举行的乡饮酒礼。举行这一类乡饮酒礼的目的是序正齿位，倡扬尊老养老的风气。宾客都是乡里的老人，六十岁以上的老人可以坐着饮酒，而五十岁的只能在堂下面朝北而立，听凭差遣。这类乡饮酒礼旨在教育百姓懂得孝悌，在社会中形成尊长养老的风气，“民知尊长养老，而后乃能入孝弟；民入孝弟，出尊长养老，而后成教；成教而后国可安也”（《礼记·乡饮酒义》）。

孔子同样重视礼的教化作用，认为与政令刑法相比，道德礼义是更好的教化方式，只有用道德礼义来教化百姓，才能让百姓做到明荣知耻，“道之以政，齐之以刑，民免而无耻。道之以德，齐之以礼，有耻且格”（《论语·为政》）。他精心挑选、认真整理的《诗》《书》《礼》《易》《乐》《春秋》六部书不仅是他自己也是后世儒家推行教化的教科书。用孔子自己的话说就是“六艺于治一也。《礼》以节人，《乐》以发和，《书》以道事，《诗》以达意，《易》以神化，《春秋》以义”（《史记·滑稽列传》）。“其为人也，温柔、敦厚，《诗》教也；疏通、知远，《书》教也；广博、易良，《乐》教也；絜静、精微，《易》教也；恭俭、庄敬，《礼》教也；属辞、比事，《春秋》教也。”（《礼记·经解》）

孟子的教化思想以善政、善教为核心，主张效法三代，设立学校，以明人伦，形成“父子有亲，君臣有义，夫妇有别，长幼有叙，朋友有信”（《孟子·滕文公上》）的人伦秩序，以及“出入相友，守望相助，疾病相扶持”（《孟子·滕文公上》）的邻里关系，使社会形成亲睦互助的良好风气。他把教育当作引导民众、教化百姓的重要手段，“善政不如善教之得民也。善政民畏之，善教民爱之。善政得民财，善教得民心”（《孟子·尽心上》）。

荀子的教化思想是以他的性恶论为基础的。他认为人性本恶，善良的行为是人为的，因此要进行教化和引导，让人们从谦让出发，使自己的行为合乎礼法，只有这样，社会才能安定。“人之性恶，其善者伪也……故必将有师法之化、礼义之道，然后出于辞让，合于文理，而归于治。”（《荀子·性恶》)荀子认为人之性恶并不是无法改变的，是可以通过行为习俗改变的，行为习惯会改变人的意志，长时间安于习俗，人的气质就会改变，“性也者，吾所不能为也，然而可化也……注错习俗，所以化性也……习俗移志，安久移质”（《荀子·儒效》）；圣人是能够通过礼义教化治理天下并引导人心向善的，“今人之性恶，必将待圣王之治、礼义之化，然后皆出于治、合于善也”（《荀子·性恶》）。由此可以看出，教化是荀子落实其礼育思想的重要途径。

四、日常养成

日常养成是先秦儒家礼育的重要路径。先秦儒家将人们的家庭生活、人生大事等都纳入礼制之中，使礼成为几乎涵盖人们所有日常生活的重要行为规范。人们正是在日常应用中，将本来外在的礼仪制度内化为礼义自觉，实现了从被迫为之到自觉为之、乐于为之的转变。《礼记·内则》详细记载了家庭生活应该遵循的礼仪，对儿子侍奉父母、媳妇侍奉公婆时该何时起床、梳什么样的头、穿什么样的衣服，以及见了父母与公婆该如何问候、如何伺候梳洗、做什么样的饭等，都有详细的介绍。伺候父母、舅姑入座要先请示坐席朝什么方向铺设，在他们面前前进、后退、转身都要谨慎庄重，上堂、下堂、出去、进来都要先行揖礼并且从容不迫。饭、膳、饮、酒、馐等都有不同的种类和做法。生子、养老、祭祀有不同的程序和要求。礼育从孩子开始学吃饭到冠礼、成家、服官、致仕，在不同的年龄阶段有不同的内容。孔子在饮食上也有详细的要求，“食不厌精，脍不厌细。食饐而餲，鱼馁而肉败，不食。色恶，不食。臭恶，不食。失饪，不食。不时，不食。割不正，不食。不得其酱，不食。肉虽多，不使胜食气。惟酒无量，不及乱。沽酒市脯不食。不撤姜食，不多食。祭于公，不宿肉。祭肉不出三日。出三日，不食之矣。食不语，寝不言。虽疏食菜羹，必祭，必齐如也”（《论语·乡党》）。荀子认为人的饮食、衣服、居处、动静、容貌、态度、进退、趋行等都要遵照礼仪的规范形式，人如果不遵循礼就不能生存，做事不遵循礼就不能成功，国家不遵循礼就不得安宁，“凡用血气、志意、知虑，由礼则治通，不由礼则勃乱提僈；食饮、衣服、居处、动静，由礼则和节，不由礼则触陷生疾；容貌、态度、进退、趋行，由礼则雅，不由礼则夷固僻违，庸众而野。故人无礼则不生，事无礼则不成，国家无礼则不宁”（《荀子·修身》）。由此可以看出，先秦儒家礼育几乎涵盖家庭生活的所有细节。虽然如此繁琐的礼仪形式与当代社会发展已经不相适应，但其通过教化培养礼义精神的方式仍有可借鉴之处。

此外，针对人生的重大时刻，先秦儒家设计了相应的礼仪程式，成人之际有冠礼，成家之时有婚礼，侍奉逝者有丧礼，每一项仪式都具有深刻的道德内涵和重要的教化意义。以冠礼为例，冠礼又叫成人礼，是给步入成年的男子举行加冠的仪式，在先秦儒家礼育体系中占有重要地位，“冠者，礼之始也”（《礼记·冠义》）。冠礼的准备环节包括：筮日、戒宾（占筮吉日并告诉宾客）、筮宾、宿宾（占筮选择并邀请合适的来宾）、为期（确定冠礼的时辰）。正礼包括：陈服器、就位与挽髻、加冠（加三次，分别是缁布冠、皮弁、爵弁）、宾礼冠者、拜见母亲、命字。正礼后诸仪包括：见兄弟、赞者及姑姊，拜见国君、卿大夫和乡先生等，酬宾，送宾，等等。冠礼之所以如此复杂是因为其每一个环节都表达和传递着深刻的礼义精神。比如，三加冠是为了提醒受冠者已步入成年，要对自己的言行举止、仪表仪态负责，要做到克己复礼；拜见父母、国君、卿大夫和乡先生等是提醒受冠者要明晰身份，尊老敬长，同时要意识到自己已经开始步入社会，要学会交际。冠礼实际上是一种特殊的社会教育和公民教育，不仅标志着生理的成熟和生存能力的具备，更意味着心智的成熟及对社会基本道德伦理与生活准则的体认和遵守。[①] 正是通过这些日常的生活应用，人们不断学习、践行礼仪，认同并接受礼仪背后的礼义精神，从而不断提升自身的素质和修养。

---

① 张自慧：《中国古代冠礼的德育价值探析》，《成人教育》2011 年第 8 期。

第二节　先秦儒家礼育思想的创造性转化

任何传统文化的传承与创新都是基于历史价值和现实需要的双重考量，先秦儒家礼育思想也不例外。先秦儒家礼育思想能够为当代大学生礼仪教育提供思想资源和方法借鉴，但必须体现时代特色，符合发展需要，解决实际问题。在这一前提下，其创造性转化也就显得更加迫切。

一、对先秦儒家礼育思想进行创造性转化的必要性

先秦儒家礼育思想是中华传统文化的重要组成部分，蕴含着历久弥新的内在价值，对解决中国现阶段存在的社会问题具有重要的理论和实践价值。其自身存在的时代局限性也要求其必须实现创造性转化。

（一）坚定文化自信的必然要求

习近平总书记指出，“文化自信是更基础、更广泛、更深厚的自信，是更基本、更深沉、更持久的力量”。文化自信是指一个民族基于对自己民族文化的积极肯定、自觉珍惜而形成的一种对其坚守、传承和发扬光大的文化心理和行为取向。① 对中华优秀传统文化的自信是文化自信的重要内容，增强文化自信，就要推动中华优秀传统文化的创造性转化和创新性发展。先秦儒家礼育思想是中华传统文化的重要内容，有必要对其合理因素和精华部分加以改造，赋予其新的时代内涵和表达形式，使其与社会发展相适应、相协调。先秦儒家礼育思想蕴含的精神价值历久弥新，在今日中国仍具有深厚的社会基础和民众基础，它所构筑的精神家园是中华文化区别于其他文化的重

---

① 唐凯麟：《文化自信三题》，《光明日报》2017 年 4 月 24 日。

要标志之一。努力使其实现现代转化应当成为我们增强和提升文化自信的着眼点之一。

（二）中国社会发展的现实需要

在中国特色社会主义新时代，我国社会的主要矛盾是人民日益增长的美好生活需要和不平衡不充分的发展之间的矛盾。我们要清醒认识到中国正处于经济变革期和社会转型期，新的社会矛盾、社会问题不断涌现，拜金主义、唯利是图成为部分民众的价值选择，社会文明水平仍有待提高。要解决这些问题，一方面要加快经济建设，不断提高人民的物质生活水平；另一方面要不断加强文化建设，不断提升人们的精神生活水平。先秦儒家礼育思想将“和”作为基本的价值追求，在维护中国传统社会稳定、提升人民道德素养方面发挥了重要作用。先秦儒家礼育思想能够为解决当前中国在发展中遇到的问题尤其是人们精神道德方面的问题提供有益借鉴和参考。

（三）先秦儒家礼育思想自身具有时代局限性

先秦儒家礼育思想作为中国古代社会的产物，不可避免地具有落后性与保守性，它所蕴含的一些价值观念已经不适合当今社会，我们要根据社会的发展需要对其进行扬弃，重新构建符合中国特色社会主义先进文化要求的礼育体系。其局限性主要表现为以下几个方面。

一是过于严格的等级秩序，造成人与人之间的不平等。周礼自诞生之初就是为了维护周朝的宗法制度。从本质上看，宗法制度是以天子为核心的严分等级制度，上下、嫡庶、长幼、亲疏关系决定了贵贱等级、贫富尊卑。在宗法制下，一切都有等级，人人都得安分守己，因此孔子说“君君，臣臣，父父，子子”（《论语·颜渊》）。即使是践行仁义，也不能逾越具体的规定范围，对于子路超越界限的仁爱，孔子给予了批评，“夫礼，天子爱天下，诸侯爱境内，大夫爱官职，士爱其家，过其所爱曰侵”（《韩非子·外储说右上》）。君臣上下、父子兄弟、朝政治军、祷祠祭祀无不在礼的规范之中，“君臣上下，父子兄弟，非礼不定；宦学事师，非礼不亲；班朝治军，莅官行法，非礼威严不行；祷祠祭祀，供给鬼神，非礼不诚不庄”（《礼记·曲礼上》)。荀子也强调“礼者，法之大分、类之纲纪也”(《荀子·劝学》),“故先王案为之制礼义以分之，使有贵贱之等，长幼之差，知愚、能不能之分，皆使人载其事而各得其宜，然后使悫禄多少厚薄之称，是夫群居和一之道也”(《荀子·荣辱》)。在荀子看来，制礼义就是为了使贵贱长幼有所区分、各行其道。“分”就是区分、确立等级，“礼”是“分”最好的工具。通过“礼”详细规定统治者与被统治者之间、长幼亲疏之间的等级关系，让每个人在层级化、网格化的社会关系中有不可逾越的固定位置。人们只能在这个固定位置上做出相适应的规定动作，否则就是大逆不道。人为地造成贵贱亲疏、上下尊卑的不平等关系，是礼为人们所诟病的最大原因。

二是过于繁琐的礼仪程式，严重束缚人的个性发展。为了维护宗法制度、规范人们的行为，先秦儒家设计了繁琐的礼仪程式，“礼仪三百，威仪三千”(《礼记·中庸》)。冠、婚、丧、祭、乡、射、朝、聘，不同的时间、场所各有不同的礼仪规范。人们的一举一动都要按照设定好的程式进行，人们的一言一行都在繁琐的礼仪规定之中。“非礼勿视，非礼勿听，非礼勿言，非礼勿动”(《论语·颜渊》)成为人们的价值标准。随着中国传统社会的发展，先秦儒家礼育思想中更重要的仁、和、敬等礼义精神逐渐褪色，礼更多地成为约束人们思想言行的外在礼仪规范。面对无处不在的礼仪制度，人们各守其分，为下为卑者唯唯诺诺，单纯遵从为上为尊者的意愿，不敢表达自己的真实情感，严重束缚了人的个性发展。在传统社会中，这种束缚鲜明地体现在君臣、父子、夫妇关系上，甚至出现了“君要臣死，臣不死是为不忠；父叫子亡，子不亡则为不孝”的荒诞论调，而“嫁鸡随鸡，嫁狗随狗”的夫妻关系则体现了妇女在传统社会中毫无地位可言的现实处境。经过在传统社会中的长期发展，礼逐渐隐去了它蕴含的道德温情，异化为冰冷的社会规则，偶有脱俗反抗者，也被视为异端予以批判，进而逐步造成了我国过于注重权威而容易忽视个性的文化传统。

三是过于浓重的政治色彩，沦为后世的统治工具。周礼具有强烈的政治色彩，是周公出于政治需要设计的一套治国理政体系。先秦儒家都将礼作为治国理政的重要手段。“治国而无礼，譬犹瞽之无相与。”（《礼记·仲尼燕居》）孔子把礼作为治理国家的重要手段，提出“能以礼让为国乎？何有？不能以礼让为国，如礼何？”（《论语·里仁》）能够遵守礼就不会离经叛道，“博学于文，约之以礼，亦可以弗畔矣夫”（《论语·颜渊》）。孟子也把礼作为治理国家的理想之道，认为只要严格按照先王定下的规矩行事，就不会有大的过错，“遵先王之法而过者，未之有也”（《孟子·离娄上》）。荀子认为礼是治国方略，礼之于国就像衡器称量轻重、绳墨度量曲直、规矩描画方圆一样重要，国家的安定必须靠礼来维持。“礼之所以正国也，譬之犹衡之于轻重也，犹绳墨之于曲直也，犹规矩之于方圆也。”（《荀子·王霸》）荀子把礼的重要性又上升到一个新的高度，他认为礼是立国之本，“礼义者，治之始也”（《荀子·王制》），“隆礼贵义者其国治，简礼贱义者其国乱”（《荀子·议兵》）。只有崇尚礼义，国家才能安定富强，否则国家就会混乱乃至灭亡。通过礼的规范约束，区分不同的等级层次，从而形成一个严密的社会体系。礼与等级制度、尊卑观念结合在一起，使得先秦儒家礼育思想中蕴含的民主、平等色彩逐渐蜕变为伦理纲常，无形中成为统治者奴役人民的工具，礼教也就成了“吃人的礼教”。正如吴虞所说，“儒家费尽苦心，替民贼设法，往往把君父二人并尊，忠孝二字连用。忠孝二字，就是拿来连结专制朝廷和专制家庭的一个秘诀”①。这些先秦儒家礼育思想中的不合理因素，需要我们予以摒弃和纠正。

二、先秦儒家礼育思想实现创造性转化的可行性

先秦儒家礼育思想之所以能够实现创造性转化，是因为其本身具有传承价值，在民众心中具有普遍的心理基础，而中国当前所处的发展阶段则提供了社会现实基础。

先秦儒家礼育思想具有的价值内涵为其创造性转化提供了传承依据。随

---

① 赵清、郑城编：《吴虞集》，四川人民出版社 1985 年版，第 191 页。

着社会的发展，虽然先秦儒家礼育思想提倡的部分礼仪规范已经明显不具有可行性，但其蕴含的仁、敬、和等价值理念仍然具有重要的传承价值，其提倡的知行合一、礼乐同构、礼法互补、自我修养等教育方法，重视学校教育、社会教化和日常生活的教育途径，构建的礼仪教育体系，对当代礼仪教育具有重要的借鉴意义。

人民大众的价值认同为先秦儒家礼育思想的创造性转化提供了普遍的文化心理基础。经过长久的发展，学礼、守礼、合礼已经成为中国百姓的基本价值认同。人们对符合礼仪规范的行为给予高度赞扬，对不合礼的行为给予无情批判，将知书达礼、文质彬彬作为重要的教育目标。经过先秦儒家礼育思想的浸润，礼已经成为中华民族共同的道德观念和公认的是非标准。在当代中国进行礼仪建设与长期历史积淀形成的民族心理高度契合，具有现实可行性。

中国当前所处的发展阶段为先秦儒家礼育思想的创造性转化提供了社会现实基础。“仓廪实则知礼节，衣食足则知荣辱。”(《管子·牧民》)古人早就意识到让人们按照礼仪规范行事的前提是让人们吃饱穿暖。当冉有问孔子在人们富裕了之后应该怎么办时，孔子回答说“教之”(《论语·子路》)。习近平总书记在庆祝中国共产党成立100周年大会上的重要讲话中指出：“经过全党全国各族人民持续奋斗，我们实现了第一个百年奋斗目标，在中华大地上全面建成了小康社会。”也就是说，虽然还存在发展不平衡、不充分的问题，但人们的物质生活已得到极大丰富，进一步提升国民素质已经成为当前中国社会发展的必然要求，在全社会开展礼仪教育恰逢其时。

三、先秦儒家礼育思想创造性转化的路径

中华传统礼文化在历史的长河中经历了较为曲折的发展过程，从无所不能到一无是处，再到取其精华、去其糟粕，这是一个不断扬弃的过程。实现先秦儒家礼育思想的创造性转化需要通过以下路径。

（一）革故鼎新，优化礼的作用场域

先秦儒家礼育思想的设计初衷是维护宗法制的等级制度，采取的是自上而下的实施路径，秦汉之后的礼更是被统治者当作统治工具，这是后来传统礼育思想受到猛烈抨击的重要原因。要实现先秦儒家礼育思想的创造性转化就要弱化其统治功能，强化其社会教化功能，将礼变成百姓生活的日用之道。礼文化的推行主体也要实现由统治者向社会大众的转化，将礼的推行转换为政府提倡、大众践行，在全社会形成良好的遵礼崇礼风尚。在对民众的礼义精神引导方面，要将对统治者的服从转化为对国家的认同，将社会大众对传统礼制的虔诚与敬畏转化为对职业、对家庭的尽职尽责。在礼育内容方面，也要实现由优秀礼乐文化向现代礼仪制度和规范的转化，如具有严重等级观念的跪拜礼及具有浓厚迷信色彩的祭祀等明显不符合当今社会发展现实的传统礼制已逐渐消失，取而代之的是融入了世界文化和时代因素的握手、扫墓等现代礼仪规范。实现先秦儒家礼育思想的创造性转化就要坚持历史唯物主义与辩证唯物主义观点，既要传承其优秀成果，又要赋予其新的时代内涵，着力构建和推行现代礼仪规范。

（二）与时俱进，注入时代发展元素

礼在培养道德品质方面发挥了重要作用，对人们的价值认同产生了重要影响。习近平总书记强调，要使中华优秀传统文化成为涵养社会主义核心价值观的重要源泉。实现先秦儒家礼育思想的创造性转化就要紧紧围绕社会主义核心价值观的内涵要求和思想标准，促进传统与现代的融合。从国家层面来说，就是要通过大力发展中国特色社会主义经济，推进社会主义政治体制改革，构建国家礼制，将依法治国与以德治国相结合，构建富强、民主、文明、和谐、美丽的社会主义现代化强国。从社会层面来说，就是要将自由、平等、公正、法治的价值内涵融入社会礼仪规范，用礼仪规范人们的言行，用礼义精神引导人们的价值认同。从个人层面来看，就是要在学礼、知礼、践礼、行礼中，培养人们的爱国之心、敬业之德、诚信之光、友善之情。实现先秦儒家礼育思想的创造性转化就要通过礼仪构建中国特色社会主义的公序良俗，完善社会伦理体系，提升人们的社会公德、职业道德、家庭美德、个人品德。

实现先秦儒家礼育思想的创造性转化还要将礼仪教育与电影、电视、网络等传播媒体相结合，共同营造遵礼守礼的良好社会环境。正如习近平在纪念孔子诞辰2565周年国际学术研讨会暨国际儒学联合会第五届会员大会开幕会上的讲话中所指出的那样，“不忘本来才能开辟未来，善于继承才能更好创新”。实现先秦儒家礼育思想的创造性转化是在继承传统礼文化基础上的创新，既要在继承中发展，又要在发展中继承，只有这样，才能让传统礼文化在创新中焕发出新的活力。

（三）优化整合，构建当代礼仪教育体系

教育是实现文化传承的重要手段，是实现社会教化目标的有效途径。礼之所以能在中国传统社会中发挥如此重要的作用，就是因为其构建了一套从乡村到中央、从幼童到成人、从百姓到官僚的完整教育体系。先秦儒家礼育思想将礼与德紧密结合，引导人们在遵守礼仪规范的过程中不断提升道德修养。无论是在礼仪教育目标的设定还是在礼仪教育方法、教育途径上，先秦儒家礼育思想都为当代礼仪教育提供了有益参考。实现先秦儒家礼育思想的创造性转化就要构建一套符合当代社会实际的完整礼仪教育体系。这套教育体系既要覆盖从幼儿园到大学的整个教育过程，又要包含学校教育、家庭教育、社会教育各个方面；既要发挥政府的引导作用，又要调动人民大众的主动性和积极性；既要注重基本礼仪规范的传授，又要注重内在价值的引导；既要传承先秦儒家礼育思想的优秀成分，又要融入西方礼仪的合理因素。接下来，笔者将重点探讨先秦儒家礼育思想如何在当代大学生礼仪教育中实现创造性转化与创新性发展。

第三节　先秦儒家礼育思想在大学生礼仪教育中的创新性发展

大学生礼仪教育的路径是多维的，需要个人、学校、家庭、政府、社会的共同努力，但不可否认的是，校园是大学生接受礼仪教育的主要场所，学校教育是提升大学生礼仪素养的主要路径。因此，本书将大学生礼仪教育对先秦儒家礼育的路径创新限定为校园路径创新。创新是在传承基础上的创新，大学生礼仪教育的路径创新同样需要在继承中发展、在发展中继承。

一、积极建设礼仪课程

课程学习是大学生学习知识的主要方式。它不仅能从很大程度上决定大学生对知识的掌握程度，更会对大学生的思想观念、行为方式产生深刻影响。调研结果显示，学校开设礼仪课程会对大学生的自我礼仪素养评价、礼仪知识掌握程度、礼仪行为以及校园整体文明程度等产生重要影响。

（一）礼仪课程教育对大学生礼仪素养的影响

1. 对大学生自我礼仪素养评价的影响

从调研结果来看，开设礼仪课程学校的大学生对自己礼仪素养的评价和对自己礼仪表现的关心程度明显高于未开设礼仪课程学校的大学生，具体结果如表 4-1 所示。

表 4-1　学校是否开设礼仪课程对大学生自我礼仪素养评价的影响①

问题	选项	学校是否开设礼仪教育课程		
		A. 是	B. 否	C. 不太清楚
1. 您觉得自己的礼仪素养怎么样?	A. 非常不好	27（1.43%）	21（1.81%）	16（1.48%）
	B. 不太好	42（2.23%）	32（2.76%）	34（3.14%）
	C. 一般	624（33.10%）	449（38.77%）	425（39.21%）
	D. 比较好	887（47.06%）	515（44.47%）	503（46.40%）
	E. 很好	305（16.18%）	141（12.18%）	106（9.78%）
2. 您是否关心和在意自己的礼仪表现?	A. 从不关心	11（0.58%）	12（1.04%）	9（0.83%）
	B. 不太关心	21（1.11%）	29（2.50%）	25（2.31%）
	C. 有些关心	258（13.69%）	213（18.39%）	185（17.07%）
	D. 比较关心	1057（56.07%）	658（56.82%）	645（59.50%）
	E. 非常关心	538（28.54%）	246（21.24%）	220（20.30%）
3. 您觉得自己是一个礼仪得体的人吗?	A. 不是	33（1.75%）	28（2.42%）	28（2.58%）
	B. 有点是	115（6.10%）	98（8.46%）	76（7.01%）
	C. 部分是	459（24.35%）	318（27.46%）	302（27.86%）
	D. 大部分是	1074（56.98%）	626（54.06%）	615（56.73%）
	E. 完全是	204（10.82%）	88（7.60%）	63（5.81%）

2. 对大学生礼仪知识掌握程度的影响

从大学生对“您是否了解相关礼仪知识”“您认为西装的袖口应长于还是短于衬衫的袖口”等五个问题的回答来看，开设礼仪课程学校的大学生的回答正确率明显高于未开设礼仪课程学校的大学生，具体结果如表 4-2 所示。

---

① 本章表格统计数据中数字为选择该项的人数，括号中的数值为选择该项的百分比。

表 4-2　学校是否开设礼仪课程对大学生礼仪知识掌握程度的影响

问题	选项	学校是否开设礼仪教育课程		
		A. 是	B. 否	C. 不太清楚
1. 您是否了解相关礼仪知识?	A. 完全不了解	27（1.43%）	30（2.59%）	23（2.12%）
	B. 了解一点	463（24.56%）	366（31.61%）	338（31.18%）
	C. 一般	700（37.14%）	450（38.86%）	444（40.96%）
	D. 比较了解	583（30.93%）	276（23.83%）	253（23.34%）
	E. 很了解	112（5.94%）	36（3.11%）	26（2.40%）
2. 您认为西装的袖口应长于还是短于衬衫的袖口?	A. 长于	723（38.36%）	417（36.01%）	398（36.72%）
	B. 短于	777（41.22%）	419（36.18%）	391（36.07%）
	C. 没注意	221（11.72%）	200（17.27%）	175（16.14%）
	D. 一样长	120（6.37%）	90（7.77%）	87（8.03%）
	E. 不一定	44（2.33%）	32（2.76%）	33（3.04%）
3. 您在和老师、家长打电话时，一般都是谁先挂电话?	A. 自己	67（3.55%）	46（3.97%）	43（3.97%）
	B. 老师、家长	1189（63.08%）	650（56.13%）	578（53.32%）
	C. 不一定，根据情况	590（31.30%）	425（36.70%）	429（39.58%）
	D. 没注意	39（2.07%）	37（3.20%）	34（3.14%）
4. 您认为和领导、长辈见面握手时，应该谁先主动伸手?	A. 自己	1398（74.16%）	882（76.17%）	843（77.77%）
	B. 领导、长辈	344（18.25%）	150（12.95%）	114（10.52%）
	C. 没注意这个问题	102（5.41%）	90（7.77%）	86（7.93%）
	D. 同时	15（0.80%）	17（1.47%）	15（1.38%）
	E. 不一定	26（1.38%）	19（1.64%）	26（2.40%）
5. 您认为在引导客人上楼时，应该走在客人的哪里?	A. 前面	1215（64.46%）	700（60.45%）	650（59.96%）
	B. 后面	361（19.15%）	238（20.55%）	182（16.79%）
	C. 并列	173（9.18%）	123（10.62%）	122（11.25%）
	D. 根据情况，怎么方便怎么走	116（6.15%）	82（7.08%）	102（9.41%）
	E. 不清楚	20（1.06%）	15（1.30%）	28（2.58%）

3. 对大学生礼仪行为的影响

为了更好地了解大学生的礼仪行为，笔者在问卷中设计了“您是否说脏话？”“您在课堂上有睡觉、看手机、吃零食、玩游戏等行为吗？”“您会旷课吗？”“您见了老师会主动打招呼吗？”“您是否经常用‘您好’‘谢谢’‘对不起’这类词语？”“您是否会按照学校规定的时间作息？”“您坐公交车时是否会给老人让座？”“您是否会闯红灯？”八个问题。从调研结果来看，开设礼仪课程学校的大学生的礼仪行为明显好于未开设礼仪课程学校的大学生，如表 4-3 所示。

表 4-3　学校是否开设礼仪课程对大学生礼仪行为的影响

问题	选项	学校是否开设礼仪教育课程		
		A. 是	B. 否	C. 不太清楚
1. 您是否说脏话？	A. 从不	337（17.88%）	178（15.37%）	119（10.98%）
	B. 偶尔	1158（61.43%）	682（58.89%）	676（62.36%）
	C. 一般	316（16.76%）	222（19.17%）	223（20.57%）
	D. 经常	55（2.92%）	50（4.32%）	41（3.78%）
	E. 已成为口头语	19（1.01%）	26（2.25%）	25（2.31%）
2. 您在课堂上有睡觉、看手机、吃零食、玩游戏等行为吗？	A. 从不	271（14.38%）	101（8.72%）	72（6.64%）
	B. 偶尔	1021（54.16%）	584（50.43%）	604（55.72%）
	C. 一般	403（21.38%）	287（24.78%）	273（25.18%）
	D. 经常	154（8.17%）	134（11.57%）	108（9.96%）
	E. 每节课都会	36（1.91%）	52（4.49%）	27（2.49%）
3. 您会旷课吗？	A. 从不	1089（57.77%）	607（52.42%）	580（53.51%）
	B. 偶尔	725（38.46%）	471（40.67%）	441（40.68%）
	C. 一般	56（2.97%）	49（4.23%）	44（4.06%）
	D. 经常	13（0.69%）	19（1.64%）	14（1.29%）
	E. 每节课都会	2（0.11%）	12（1.04%）	5（0.46%）

（续表）

问题	选项	学校是否开设礼仪教育课程		
		A. 是	B. 否	C. 不太清楚
4. 您见了老师会主动打招呼吗？	A. 从不	16（0.85%）	21（1.81%）	15（1.38%）
	B. 偶尔	196（10.40%）	159（13.73%）	157（14.48%）
	C. 一般	293（15.54%）	234（20.21%）	241（22.23%）
	D. 经常	816（43.29%）	471（40.67%）	435（40.13%）
	E. 每次都会	564（29.92%）	273（23.58%）	236（21.77%）
5. 您是否经常用“您好”“谢谢”“对不起”这类词语？	A. 从不	9（0.48%）	15（1.30%）	6（0.55%）
	B. 偶尔	58（3.08%）	62（5.35%）	46（4.24%）
	C. 一般	183（9.71%）	147（12.69%）	120（11.07%）
	D. 经常	1039（55.12%）	646（55.79%）	629（58.03%）
	E. 每次都会	596（31.62%）	288（24.87%）	283（26.11%）
6. 您是否会按照学校规定的时间作息？	A. 从不	67（3.55%）	59（5.09%）	49（4.52%）
	B. 偶尔	217（11.51%）	169（14.59%）	138（12.73%）
	C. 一般	600（31.83%）	397（34.28%）	405（37.36%）
	D. 经常	645（34.22%）	392（33.85%）	386（35.61%）
	E. 每次都会	356（18.89%）	141（12.18%）	106（9.78%）
7. 您坐公交车时是否会给老人让座？	A. 从不	10（0.53%）	13（1.12%）	9（0.83%）
	B. 偶尔	99（5.25%）	64（5.53%）	56（5.17%）
	C. 一般	178（9.44%）	171（14.77%）	129（11.90%）
	D. 经常	803（42.60%）	510（44.04%）	474（43.73%）
	E. 每次都会	795（42.18%）	400（34.54%）	416（38.38%）
8. 您是否会闯红灯？	A. 从不	1216（64.51%）	624（53.89%）	616（56.83%）
	B. 偶尔	556（29.50%）	425（36.70%）	393（36.25%）
	C. 一般	89（4.72%）	77（6.65%）	62（5.72%）
	D. 经常	18（0.95%）	23（1.99%）	8（0.74%）
	E. 每次都会	6（0.32%）	9（0.78%）	5（0.46%）

4. 对大学生不合礼行为评价的影响

从对“旷课”“考试作弊”“学生情侣在公共场合行为过于亲密”等行为的评价来看，与未开设礼仪课程学校的大学生相比，开设礼仪课程学校的大学生对不合礼行为的评价更加理性。比如，对于“旷课”问题，开设礼仪课程学校的大学生认为旷课“是一种不礼貌行为，是对老师的不尊重”“是大学生缺乏自律性的表现”的比例高于未开设礼仪课程学校的大学生；对于“考试作弊”问题，开设礼仪课程学校的大学生认为考试作弊“行为恶劣，缺乏诚信，应严肃处理”的比例高于未开设礼仪课程学校的大学生；对于“学生情侣在公共场合行为过于亲密”问题，开设礼仪课程学校的大学生认为这“是素质问题，是一种不文明行为”的比例高于未开设礼仪课程学校的大学生，具体结果如表 4-4 所示。

表 4-4　学校是否开设礼仪课程对大学生不合礼行为评价的影响

问题	选项	学校是否开设礼仪教育课程		
		A. 是	B. 否	C. 不太清楚
1. 您如何看待旷课行为?	A. 是一种不礼貌行为，是对老师的不尊重	1041（55.23%）	566（48.88%）	519（47.88%）
	B. 教师授课没有吸引力，做出这些行为可以理解	147（7.80%）	126（10.88%）	116（10.70%）
	C. 大学生有自由支配自己行为的权利	142（7.53%）	138（11.92%）	94（8.67%）
	D. 学生对自己不负责	235（12.47%）	148（12.78%）	151（13.93%）
	E. 是大学生缺乏自律性的表现	320（16.98%）	180（15.54%）	204（18.82%）

（续表）

问题	选项	学校是否开设礼仪教育课程		
		A. 是	B. 否	C. 不太清楚
2. 您如何看待考试作弊行为？	A. 行为恶劣，缺乏诚信，应严肃处理	1204（63.87%）	695（60.02%）	618（57.01%）
	B. 情有可原，每个人都想考个好成绩，应酌情处理	193（10.24%）	142（12.26%）	122（11.25%）
	C. 监考不严，应加强监考，不给他们可乘之机	98（5.20%）	98（8.46%）	72（6.64%）
	D. 学校教育不到位，应加强相关教育	99（5.25%）	65（5.61%）	41（3.78%）
	E. 说不清楚，应具体问题具体分析	291（15.44%）	158（13.64%）	231（21.31%）
3. 您如何看待学生情侣在公共场合行为过于亲密？	A. 是素质问题，是一种不文明行为	589（31.25%）	312（26.94%）	232（21.40%）
	B. 可以理解，是年轻人的正常表现	353（18.73%）	247（21.33%）	241（22.23%）
	C. 是个人自由，别人无权干涉	194（10.29%）	143（12.35%）	141（13.01%）
	D. 是私密行为，应该注意场合	700（37.14%）	416（35.92%）	437（40.31%）
	E. 是思想开放、时代进步的体现	49（2.60%）	40（3.45%）	33（3.04%）

5. 对校园整体文明程度的影响

与未开设礼仪课程的学校相比，在开设礼仪课程的学校中，“学生情侣在公共场合行为过于亲密”“在图书馆、自习室等公共场合大声讲话或接打电话”“天热时穿拖鞋上课”“考试作弊”等行为较少见。这也反映出开设礼仪课程对校园整体文明程度具有正相关影响，具体结果见表 4-5。

表 4-5　学校是否开设礼仪课程对校园整体文明程度的影响

问题	选项	学校是否开设礼仪教育课程		
		A. 是	B. 否	C. 不太清楚
1. 您觉得学生情侣在公共场合行为过于亲密是否常见？	A. 基本没有	82（4.35%）	19（1.64%）	25（2.31%）
	B. 偶尔会有	353（18.73%）	163（14.08%）	156（14.39%）
	C. 一般	477（25.31%）	279（24.09%）	260（23.99%）
	D. 比较普遍	694（36.82%）	481（41.54%）	445（41.05%）
	E. 非常普遍	279（14.80%）	216（18.65%）	198（18.27%）
2. 您是否遇到过在图书馆、自习室等公共场合大声讲话或接打电话的行为？	A. 没有	866（45.94%）	454（39.21%）	466（42.99%）
	B. 偶尔	667（35.38%）	423（36.53%）	403（37.18%）
	C. 一般	234（12.41%）	170（14.68%）	135（12.45%）
	D. 经常	93（4.93%）	86（7.43%）	62（5.72%）
	E. 每天都会	25（1.33%）	25（2.16%）	18（1.66%）
3. 您是否遇到过天热时穿拖鞋上课的同学？	A. 没有	605（32.10%）	336（29.02%）	301（27.77%）
	B. 偶尔	722（38.30%）	431（37.22%）	450（41.51%）
	C. 一般	325（17.24%）	216（18.65%）	177（16.33%）
	D. 经常	201（10.66%）	145（12.52%）	128（11.81%）
	E. 每天都会	32（1.70%）	30（2.59%）	28（2.58%）
4. 您周围是否存在考试作弊的同学？	A. 基本没有	597（31.67%）	304（26.25%）	332（30.63%）
	B. 有一些	944（50.08%）	585（50.52%）	560（51.66%）
	C. 一半左右	180（9.55%）	135（11.66%）	94（8.67%）
	D. 很多	119（6.31%）	87（7.51%）	63（5.81%）
	E. 全部	45（2.39%）	47（4.06%）	35（3.23%）

6. 对满足大学生礼仪需求的影响

开设礼仪课程学校的大学生认为学校的礼仪教育能够完全满足或基本满足自己在礼仪方面需求的比例明显高于未开设礼仪课程学校的大学生，具体结果如表 4-6 所示。

表 4-6　学校是否开设礼仪课程对满足大学生礼仪需求的影响

问题	选项	学校是否开设礼仪教育课程		
		A. 是	B. 否	C. 不太清楚
您认为当前学校的礼仪教育能满足您在礼仪方面的需求吗?	A. 不能满足	274（14.54%）	504（43.52%）	334（30.81%）
	B. 满足一点	383（20.32%）	308（26.60%）	310（28.60%）
	C. 部分满足	602（31.94%）	219（18.91%）	306（28.23%）
	D. 基本满足	535（28.38%）	112（9.67%）	116（10.70%）
	E. 完全能满足	91（4.83%）	15（1.30%）	18（1.66%）

（二）通过课程建设提升大学生礼仪素养的路径

1. 构建完善的礼仪教育课程体系

许多大学生的无礼行为并非有意为之，而是源于无知。具备丰富的礼仪知识是大学生提升礼仪素养的基本前提。礼仪教育课程是大学生学习礼仪知识的重要渠道，因此各高校应加强顶层设计，积极构建完善的礼仪教育课程体系。从课程性质上来说，要结合学校和专业实际，设计不同性质的课程体系，以增强礼仪教育的实效性。比如对空乘、文秘、工商管理等对礼仪要求比较高的专业的学生，应当将礼仪课程设为专业必修课；对法律、经济等相关专业的学生，可以将礼仪课程设为专业选修课；有条件的高校可以将礼仪课程设为全校学生的公共必修课或选修必选课；条件不足的高校可将礼仪课程设为公共选修课。从调研结果来看，以必修课或通识课的形式开设礼仪课程的学校比以选修课的形式开设礼仪课程的学校更能满足学生在礼仪方面的需求，具体结果见表 4-7。

表 4-7　礼仪课程开课方式对满足大学生礼仪需求的影响

问题	选项	您学校的礼仪课程是以什么方式开设的？					
		A. 通识课	B. 必修课	C. 选修课	D. 讲座、班会等形式	E. 其他	F. 不清楚
您认为当前学校的礼仪教育能满足您在礼仪方面的需求吗？	A. 不能满足	57（16. 81%）	49（11. 34%）	132（15. 07%）	22（14. 10%）	4（10. 81%）	10（22. 22%）
	B. 满足一点	70（20. 65%）	60（13. 89%）	211（24. 09%）	28（17. 95%）	8（21. 62%）	6（13. 33%）
	C. 部分满足	96（28. 32%）	121（28. 01%）	311（35. 50%）	47（30. 13%）	13（35. 14%）	14（31. 11%）
	D. 基本满足	101（29. 79%）	168（38. 89%）	199（22. 72%）	45（28. 85%）	9（24. 32%）	13（28. 89%）
	E. 完全能满足	15（4. 42%）	34（7. 87%）	23（2. 63%）	14（8. 97%）	3（8. 11%）	2（4. 44%）

除了以必修课或选修课的形式开设礼仪课程，还应将礼仪课程与专业教育课程尤其是思想政治教育课程和心理健康课程相结合。当代大学生礼仪教育与思想政治教育在目标和任务上具有一致性，都致力于提升大学生的道德品质和文明修养。先秦儒家礼育效果已经证明了礼仪教育与品德修养之间的密切关系，在大学生中开展礼仪教育是提升大学生道德品质和文明修养的重要路径，大学生礼仪文明是思想政治教育成效的重要体现。礼仪教育是提升大学生心理健康水平、培养大学生健康人格的有效方式。一个具有较高礼仪修养的人往往是一个懂得尊重他人、善于交往的人，这样的人一般具有阳光向上的心态和积极健康的心理。礼仪教育从与人交往时握手、问好等细节入手，能够有效提升大学生的人际交往能力，减少其心理障碍，促进其心理健康。因此，将大学生礼仪教育与心理健康教育相结合是促进大学生成长成才的有效方式。

2. 不断丰富礼仪教育的课程内容

礼仪包括日常礼仪、交往礼仪、公共礼仪、商务礼仪、涉外礼仪等。当前国内的礼仪教育在内容上存在一定的片面性，比如讲授内容以基本礼仪规范为主，偏重于西方礼仪，礼仪教育的课程内容还有待进一步丰富。礼仪不仅是外在的行为规范，更是内在的行为自觉，因此礼仪教育不仅要讲清“是什么”，更要讲清“为什么”，在教育内容的设置上，需要加入道德修养，使大学生明白礼仪教育不仅是学会如何坐、站、立、行，拥有优雅的举止和完美的妆容，更重要的是学习礼仪所蕴含的仁、敬、和、义等礼义精神，因此礼仪课程的内容至少应包括行为训练、形象塑造、道德教育和德才教育四大模块①，只有这样才能教育引导学生不仅要将礼仪外化于行，更要内化于心，真正做到内外兼修、文质彬彬。

中国具有丰富的礼文化资源和优良的礼仪传统，但目前高校礼仪教育课堂对传统礼仪文化的讲授明显不足。在教学中，教师应注重对中华优秀传统礼文化资源的整理、挖掘，在向学生介绍当代礼仪、西方礼仪的同时，还要讲清中国传统礼仪的历史脉络，引导学生学习中华优秀传统礼文化、传承和弘扬中华礼仪文明、坚定文化自信。

除了课堂教育，高校还可以通过以下方式强化课堂教学的礼仪教育渗透。一是组织开展“尊师重教”系列活动，倡导学生共建课堂文明。学校提出明确的课堂纪律要求，要求学生遵守课堂纪律，维护课堂秩序，做到不迟到、不旷课、不早退；课前、课间通过“擦黑板”“调电脑”“问声好”等礼仪实践活动，培养礼仪意识；通过课上教授、课下实践，使学生养成尊师重教的自觉意识。这既需要任课教师积极引导，又需要学校其他工作人员加强监督和引导，同时学生干部也要积极带头践行，通过长期坚持形成习惯，保证教育效果。二是任课教师要带头注意师风师貌，上课不穿与教师身份不

① 刘雪巍、付寅琦：《大学生礼仪素养的养成途径》，《教育评论》2010 年第 3 期。

符的服装，不讲与教师身份不符的话语，做到课堂讲授有纪律、公开言论守规矩。这就需要组织教师学习师德师风和教师礼仪知识，提高教师的职业道德水平和综合素质；制定考核评价办法，对教师的教学仪态、教学语言、教学过程等提出明确考核标准，在职务、职级晋升及评奖评优中实行师德师风“一票否决制”。

3. 积极拓展礼仪教育的教学方法和教育途径

礼仪教育具有突出的实践性，这就决定了礼仪教学不能采取单纯的理论灌输法，应根据大学生的身心特点采取灵活多样的教学方法，通过多途径提升育人效果。大学生礼仪教育应采取课堂讨论、情景模拟、实践训练等多种方式，吸收翻转课堂、任务驱动、参与式教学等最新教育教学理念，充分利用电脑等教学工具，发挥网络育人的优势，注重线上线下相结合，调动学生学习的积极性与主动性。

调研结果显示，56. 98%的老师和 62. 28%的学生认为社会实践是强化大学生礼仪教育的有效途径，这与礼仪的实践性相一致，因此大学生礼仪教育应将课上与课下相结合，将知识讲授与礼仪实践相结合，着力增强礼仪教育的实效性。在课堂上可通过做简历、写信函等多种方式让学生参与其中，在课下更是可以通过社团活动、企业实习、走访实践等多种方式引导学生学习、践行礼仪。大学生礼仪教育应不断探索新的教育方法，拓展新的教育途径，创新教育教学形式，将枯燥的理论知识转化为生动的礼仪实践，切实提高育人效果。加强礼仪教育必须发挥大学生的主体作用，引导大学生自我学习、自我教育、自我完善，让大学生通过参加丰富多彩的校园礼仪活动，不断提高自身的礼仪素养。

高校也要注重营造良好的校园礼仪氛围，认真组织学生参与辩论赛、演讲、小品表演等校内外各种活动，通过广播、电视、宣传栏等介绍礼仪知识、讲述礼仪故事，弘扬文明礼貌之风，使礼仪之花遍地开放，引导大学生自觉提高礼仪意识、注意礼仪规范、展示礼仪的魅力。

随着信息技术的发展，网络已成为人们必不可少的交往工具。对大学生群体而言，可以说是“无人不网”“无时不网”。积极引导大学生正确使用网络，遵守网络规则，不断提高网络素养，是高校不可推卸的责任。网络具有丰富性、即时性和开放性的特点，在大学生礼仪教育中具有独特、重要的作用。开展网络礼仪教育是提升大学生网络道德的载体和有效抓手，能帮助大学生正确使用和对待网络，能够有效促进学生的全面发展。网络礼仪教育能更好地体现时代性，具有贴近学生、贴近社会的特点，能够更有效地激发大学生的学习兴趣。开展网络礼仪教育要通过多种渠道教育引导大学生掌握网络礼仪规范，做到文明使用网络、主动维护网络秩序、自觉践行网络礼仪，在享用网络资源的同时，争当维护网络文明的使者。要教育引导学生区分网络虚拟与社会现实的关系，网络礼仪实际上是一个现实命题，是现实礼仪在网络上的投射和反映，网络礼仪和现实礼仪具有一致性，两者在教育原则、教育方向上应保持一致，这是建设网络礼仪文化、加强网络礼仪教育的首要前提。要充分发挥网络及时性、便利性、趣味性的特点，鼓励教师设立个人网页、微信公众号等来宣传礼仪，利用生动直观的网络教学资源开展教学，通过网络进行礼仪教育，让学生在网络中学习礼仪，在学习中体验快乐，在快乐中获得提高。要根据具体情况和现实条件，制定有针对性的网络礼仪和网络道德约束机制，通过利益调控、制度约束、法律制裁等措施，促进网络礼仪、网络道德教育工作的实施。①

二、系统设计校园仪式

《现代汉语词典》对“仪式”的解释是：“举行典礼的程序、形式。”②在中华传统文化中，仪式是礼的重要组成部分，具有规范、法则的意思。《说文解字》云：“仪，度也，从人义声。”《国语》说“度之于轨仪”。中华

---

① 王贺兰：《当代中国青少年礼仪教育的反思与建构》，河北师范大学2010年博士学位论文。

② 中国社会科学院语言研究所词典编辑室编：《现代汉语词典》（第7版），商务印书馆2016年版，第1543页。

传统文化中的仪式集中体现在《仪礼》中，包括吉、凶、宾、军、嘉五大类。这些仪式既包括君臣、诸侯之间的觐礼、聘礼、燕礼等，又包括贯穿人生始终的冠礼、婚礼、丧礼等。

在西方，仪式是一个涉及宗教学、人类学、社会学、民俗学等众多学科的概念，其作为一个分析的专有名词出现于 19 世纪，主要作为表达人类经验的一个分类范畴而存在。① 仪式起源于宗教。法国社会学家爱弥儿 · 涂尔干认为信仰和仪式是宗教的两个基本范畴，“信仰是舆论的状态，是由各种表现构成的；仪式则是某些明确的行为方式。这两类事实之间的差别，就是思想和行为之间的差别”②。爱弥儿 · 涂尔干将仪式定义为一种行为。美国人类学家克利福德 · 格尔兹将仪式称作一种“文化表演”，他认为仪式作为社会生活中一种最直接、最易观察到又最具生动性的行为，同时是诸多文化观念的象征载体，如生死观、伦理观、禁忌观、时空观等观念都汇集于其中，揭示仪式所蕴含的种种观念，便是揭示某一时代的某种文化、某个社会的价值体系。③ 法国著名人类学家阿诺尔德 · 范热内普认为每一个体从诞生、社会成熟期、结婚等到职业专业化以及死亡，每一件事都伴有仪式，这些仪式的根本目标就是“使个体能够从一确定的境地过渡到另一同样确定的境地”④。英国人类学家维克多 · 特纳认为仪式“指的是人们在不运用技术程序，而求助于对神秘物质或神秘力量的信仰的场合时的规定性正式行为”⑤。

① 彭兆荣：《人类学仪式的理论与实践》，民族出版社 2007 年版，第 18 页。

② 爱弥儿 · 涂尔干著，渠东、汲喆译：《宗教生活的基本形式》，上海人民出版社 2006 年版，第 33 页。

③ 克利福德 · 格尔兹著，纳日碧力戈等译，王铭铭校：《文化的解释》，上海人民出版社 1999 年版，第 129 页。

④ 阿诺尔德 · 范热内普著，张举文译：《过渡礼仪》，商务印书馆 2010 年版，第 4 页。

⑤ 维克多 · 特纳著，赵玉燕等译：《象征之林》，商务印书馆 2012 年版，第 23 页。

德国学者洛蕾利斯·辛格霍夫认为仪式很多时候是指庆祝性的活动或典礼，它遵循固定的秩序，生活中不断重复的过程、话语、姿势和行为都属于仪式。①

由此可以看出，无论是中国学者还是西方学者，都将仪式作为一种有着程式化、能够传递社会文化价值的行为体系，具有象征性、规范性、表演性和神圣性等特征。因此闫伊默认为仪式是“一种与人类相伴生的行为，是人类文明演进的记忆，附着着关乎人类的丰厚意蕴”②。综上所述，仪式是由一定的社会文化传统所规定的，在特定时间和场所举行的，有固定群体参与的较为稳定的表演程式，能够传递一定的社会价值观，具有丰富的象征意义。

结合立德树人的根本任务，大学校园仪式可以界定为由中华优秀传统文化和体现中国特色社会主义文化的时代精神所规定的，于特定时间阶段在大学校园中举行的师生共同参与的较为稳定的表演程式，能够有效传递社会主义核心价值观，具有明显的象征性、程式化、群体性等特征，包括但不限于开学典礼、毕业典礼、升旗仪式、学位授予仪式等。

（一）校园仪式的作用

1. 提升道德情感，促进大学生个人发展

仪式源于人的情感和理性，通过象征、表演等方式给人以心灵慰藉。对于某些特定事件，仪式每次都以特定的方式重复进行，并以此方式深深植入所有参与者的脑海中。不断重复的过程、话语、行为使仪式具有了结构上的稳定性和意义上的延续性。通过仪式，人们能够在集体活动中丰富自我形象、完善自我认知、强化身份认同，能够将仪式背后所蕴含的价值理念、道

---

① 洛蕾利斯·辛格霍夫（Lorelies Singerhoff）著，刘永强译：《我们为什么需要仪式：心灵的意义、力量与支撑》，中国人民大学出版社 2009 年版。

② 闫伊默：《仪式传播与认同研究》，知识产权出版社 2014 年版，第 25 页。

德规范、伦理思想等潜移默化地内化成自身的思维习惯和行为方式。① 仪式具有天然的表演性质和特征，能够唤醒、激发和引导大学生的内心情感，能够通过情境创设凝聚和升华学生的道德情感，具有极强的感染力和导向性。仪式“能够唤醒、引导和控制各种强烈的情感，比如仇恨、恐惧、爱慕，以及忧伤”②，它借助共同的话语、一致的行为、合适的音乐、协调的氛围，催化参与者的情感，使大学生的感觉和情感在仪式创设的特定情境中得到全面调动，兴奋点得到多方面触动，进而使内在情感得到凝聚和升华。③ 比如在重大仪式中，都会有奏唱国歌这一个环节，所有参与者随着雄壮激昂的伴奏齐唱国歌，内心的民族自豪感和对祖国的热爱之情油然而生。仪式运用布景、讲话、着装、音乐等多种手段创设了一个形象、直观、生动的道德情感“体验场”，将教育主体、教育内容与教育客体置于共同的创设情境中，给所有参与者以十分深刻的道德情感体验。

2. 增强集体凝聚力，使大学生获得社会认可，增强认同感

仪式建构在传统之上，它所包含的文化意蕴和社会价值使人在参与仪式中获得社会认可和身份认同，使人成为社会的产物。维克多·特纳在《仪式过程：结构与反结构》一书中引用了人类学者莫妮卡·威尔逊对仪式的阐释，“仪式能够在最深的层次揭示价值之所在……仪式所揭示的实际上是一个群体的价值”，对仪式的研究是理解人类社会基本构成的关键所在。④ 中国传统仪式把“天道”和“人心”“用一整套形式化的东西确认并表现出来……在人们把自己的全部心智和情感都投入对神圣的体验时……仪式确立

---

① 张自慧：《中国古代冠礼的德育价值探析》，《成人教育》2011 年第 8 期。

② 维克多·特纳著，黄剑波、柳博赟译：《仪式过程：结构与反结构》，中国人民大学出版社 2006 年版，第 41 页。

③ 王洁敏、尹茂盛：《试析仪式在高校思想政治教育中的作用》，《思想教育研究》2008 年第 6 期。

④ 维克多·特纳著，黄剑波、柳博赟译：《仪式过程：结构与反结构》，中国人民大学出版社 2006 年版，第 6 页。

了自身的权威性，也确立了这一秩序在人间的合理性，这便是早期中国仪式的意味"①。仪式自身所具有的神圣性和象征性能够触发参与者的内心情感，使他们认同并接受仪式所传递的群体价值理念。比如入党宣誓仪式，宣誓者举起右拳，面对鲜红的中国共产党党旗，在领誓人的领誓下庄严宣誓。当宣誓人集体宣读誓词并庄严报出自己的名字时，他们的内心一定是激情澎湃的，对中国共产党全心全意为人民服务的宗旨也会有更加深刻的理解。仪式是对历史文化的集体记忆，具有浓厚的集体精神。仪式文化在校园文化建设中的重要作用之一就是能够增强集体主义意识。② 仪式的参与者在仪式活动中能够自觉实现由"我"到"我们"的意识转变，能够感受到集体的凝聚力和向心力，进而增强集体的归属感和认同感。

3. 丰富校园文化活动，增强大学生的文化自信

校园仪式是校园文化活动的重要组成部分，是校园文化的重要载体，"具有极强的外在表现能力，能使文化的内涵得以生动地表现在一种独特的外现形式中"③。校园仪式活动是学校教育教学和日常活动中充满意义的文化事件，记录着学校的发展历程，承载着诸多校园文化理念，集中体现着社会和校园的价值选择和价值取向。④ 比如升旗仪式，鲜艳的五星红旗伴随着雄壮的国歌声冉冉升起，所有参加者要面向国旗行注目礼，在不断重复的固定程式中，大学生的民族自豪感和自尊心得到极大提升，爱国主义情感得到巩固和升华。具有丰富而完备的各种仪式是中华传统文化的突出特征，祭祀

---

① 葛兆光：《中国思想史》（第一卷），复旦大学出版社 2013 年版，第 53 页。

② 赵文国、虞苑星：《高校校园仪式建设的路径探寻》，《学理论》2014 年第 30 期。

③ 李育红、杨永燕：《文化独特的外现形式——仪式》，《广西社会科学》2008 年第 5 期。

④ 何茜：《文化育人的载体：校园仪式建设》，《思想理论教育》2012 年第 17 期。

仪式、拜师仪式等都蕴含着丰富的传统文化内涵。在端午节、重阳节、中秋节等中国传统节日举办具有纪念意义的仪式活动，是让大学生了解中华优秀传统文化、树立和增强文化自信的重要途径。

（二）通过校园仪式教育提升大学生礼仪素养的路径

1. 科学设计，制定系统化的大学校园仪式育人体系

受市场经济和多元价值观的影响，部分高校存在功利化倾向，领导者更加关注学校的科研成绩和社会效益，对立德树人的软环境建设重视不够，导致校园仪式教育出现形式化、简单化等问题，教育效果不佳，未能充分发挥校园仪式教育在大学生文明素养提升中的重要作用。校园仪式教育是大学生礼育的重要组成部分。高校相关部门尤其是学生工作部门要充分认识仪式教育在提升大学生思想道德情感、增强大学生集体意识、增强大学生文化自信等方面的重要作用，充分挖掘校园仪式的内涵、功能和组织形式。思想是行为的先导，只有先对校园仪式产生理念上的认同，才会认真设计、组织开展校园仪式教育，才会深入思考校园仪式教育的开展形式与发展途径，才谈得上让受教育者通过仪式接受教育。

为充分发挥仪式教育的重要作用，各高校应高度重视仪式教育工作，结合自身特点，加强领导，细化落实，把仪式教育作为在大学生中培育和践行社会主义核心价值观的有力抓手，制定符合大学生成长规律的可行性实施方案，发挥其应有的育人功能。当前，国内一些城市已经意识到校园仪式教育在学生成长成才中的重要作用，制定了详细的仪式教育实施方案。如日照市教育局和泉州市教育局就以文件的形式，要求在全市中小学中加强仪式教育，以发挥仪式教育的重要作用，并对中小学升旗仪式、入学仪式、入队仪式、入团仪式、毕业仪式等做了统一要求和规定，极大地提高了各学校开展仪式教育的积极性和规范性。各高校同样应高度重视仪式教育，对校园仪式做出要求和规范。

2. 发挥合力，构建大学校园仪式教育协同机制

每所高校都会在特定的时刻举行一些仪式，比如入学时有开学典礼，日

常有颁奖仪式，毕业有毕业典礼，但很多高校的仪式活动还处在一种自发状态，缺乏协调统筹，存在体系不完善、各自为政、层次不清等问题，尚未将仪式上升到教育理念的高度进行系统规划和设计，未能充分发挥校园仪式在大学教育体系中的重要作用。在这种情况下，制定仪式教育章程，加强对校园仪式的系统设计，规范仪式教育活动，完善校园仪式文化就显得尤为重要。

从总体来说，应建立校园仪式教育协调机制，统筹校办、宣传部、学生工作部、各学院之间的关系，确保既各司其职又密切配合，由宣传部门或学生工作部门牵头制定校园仪式规范，让校园仪式教育做到有据可依、有章可循。具体到每一种校园仪式而言，应积极创设符合仪式要求的场景，让参与者在具体场景中接受教育。仪式的标志是其规定的结构，因此整个过程的开始和结束非常重要。① 这就要求对每一个仪式的环节进行精心设计，对校园仪式举行的时间、地点、背景等做充分的考虑和设计，让参与者沉浸在仪式的场景中，自觉产生情感共鸣与文化认同感。领导讲话几乎是校园仪式的必备环节。讲话者在讲话稿的构思上要下一番功夫，既要契合主题，符合青年学生的语言特点，尽量与学生产生共鸣，又要将仪式作为教育的重要契机，敢于亮剑，勇于发声，不一味地迎合听众。以毕业典礼为例，这意味着大多数学生大学生活的结束，从典礼结束的那一刻起，他们就要踏入社会，开始人生新的征程，此刻，他们充满着对母校的不舍和对未来的希冀，而校长为每一位毕业生颁发毕业证书并为他们的学位帽拨穗就成了一个极富象征意义的重要环节，很多学生都希望能够通过这样一种方式为自己的大学生活画上圆满的句号。但遗憾的是，由于高校扩招，面对成千上万的毕业生，很多高校校长已经很难做到为所有毕业生逐个拨穗，这也就失去了一个让大学生在

① 洛蕾利斯·辛格霍夫（Lorelies Singerhoff）著，刘永强译：《我们为什么需要仪式：心灵的意义、力量与支撑》，中国人民大学出版社 2009 年版。

毕业这一重要时刻接受成长教育的重要契机。无论是毕业典礼还是开学典礼，其隆重热烈的场景都会给大学生留下深刻的印象。这些仪式将最可塑的头脑与庄重的表现形式对接起来，将会在大学生的群体记忆中得到长久保存，在他们的内心深处产生潜移默化的影响。①

3. 深入研究，推进大学校园仪式教育实现创新发展

中国传统仪式具有丰富的文化底蕴，有很多值得我们传承和发扬的文化内涵。以中国传统节日为例，清明节、端午节、中秋节、春节等传统节日已经纳入国家法定假日，春节贴春联、拜年、守岁是中国人独有的文化仪式，鲜明体现了中国特色。高校每逢传统节日都会做一些宣传、纪念活动，但就实际情况来看，还存在学生参与度不高、活动形式吸引力不够等问题。究其原因，当是随着社会的发展和科技的进步，大学生的思维方式和价值观念都发生了深刻变化，传统的仪式教育已经很难适应他们的需求。这就需要高校深入研究仪式教育的发展方向，不断学习仪式教育的先进理念，增强仪式教育的前瞻性和创新性，从活动形式的设计、活动场景的创设等多方面实现仪式教育的创新发展，赋予仪式教育以新的内涵和意义。虽然仪式很难创新，但在技术和工具上创新是可行的，新技术和工具的应用有助于更好地吸引学生的注意力，有助于更好地促进仪式意义的传播。比如在开学典礼上，充分应用视频技术就可以给学生以直观、强烈的视觉冲击，形象生动地展示学校的发展历程和历史成绩等。此外，随着全球化的进程不断加快，一些外国元素也在不断融入高校校园仪式之中，比如毕业典礼穿学位服、拨穗等就是西方教育仪式融入中国校园仪式的体现。需要明确的是，一切技术和形式的创新都是为了提升仪式教育的育人效果，不管如何创新，中华传统仪式文化蕴含的和谐、尊敬、仁义等价值理念都值得我们永远传承和发扬。

---

① 王荣：《论仪式教育在高校思想政治教育中的运用》，《学校党建与思想教育》2014 年第 18 期。

三、制定完善规章制度

在先秦儒家看来，礼与法是存在密切联系的，在国家产生之前，礼的道德教化主要通过习惯和风俗发生作用。国家产生以后，礼的一部分内容转化为制度。① 在周礼的设计中，礼是包含国家典制、社会规范在内的国家大法，社会成员要遵礼而行。春秋战国时期，法家的崛起加速了礼的法制化进程。法家特别强调刑罚和政令，并以制定律令的形式使礼的一些内容分离出来。荀子将礼与法视为治国安民的两大根本，“治之经，礼与刑，君子以修百姓宁”（《荀子·成相》）。既不能“不教而诛”，也不能“教而不诛”（《荀子·富国》），只有礼法并重，才能防止“偏险而不正，悖乱而不治”（《荀子·性恶》）局面的出现，才能维护社会秩序，促进社会的稳定和发展。在中国古代社会中，礼育所提倡的价值观渗透在社会的每一个角落，也渗透在法的规范之中。礼是人们心中的“大法”，法制只是实施这个大法的一个渠道，而教化（包括国家的正规教育、民间教育、社会环境潜移默化的熏陶、社会舆论的引导等）是实施礼更重要的渠道。因为礼的约束对象是全社会，帝王将相亦在其中，所以与具体的法制、律典相比，它的威力更为强大。中国传统法的结构是礼与法的完美结合②，两者都具有鲜明的德性色彩，只是法更具有外在强制性形式而已③。

（一）明确礼与法的关系

1. 法是礼的底线，是社会“硬法”

礼与法都具有维护社会正常运转的功能，但两者又有区别，礼是社会成员自愿接受的道德规则，法是一种正式化的内在规则，平等地适用于社会所

---

① 徐朝旭：《论先秦礼的德育功能》，《教育研究》2007 年第 4 期。

② 曾宪义、马小红：《中国传统法的结构与基本概念辨正——兼论古代礼与法的关系》，《中国社会科学》2003 年第 5 期。

③ 葛晨虹：《中国礼仪文化》，经济科学出版社 2001 年版，第 66～67 页。

有成员并能够依据事先确定的程序予以强制执行。[①] 对于礼仪无力约束的违反社会规范的行为，需要法的强制性提供保障。日本将礼仪规范列入法律法规，并要求日本公民严格遵循。例如，其在《学校教育法》中规定，必须开设和生活礼仪相关的课程，需要将日常礼节规范、严谨的时间观念、严格细致的处事态度等列入课程内容，让学生明白对待社会应有的正确态度和作为一名合格公民应承担的责任。新加坡和韩国、日本一样，其礼仪文化也受到中华传统礼仪文化的影响。新加坡以执法严明著称，对公民不合礼仪规范的行为采取严厉的手段进行制裁，如果在公共场所发现乱扔废弃物、随地吐痰等不文明行为，要处以重罚。礼的严格执行有利于提升国民礼仪素养和社会文明程度，礼的法制化进程强化了礼的影响力。因为它通过国家机器形成一种强大的外部压力，迫使行为主体因惧怕违礼而受到国家机器的惩罚，不得不慎重考虑自己所选择的行为及由此产生的后果，并基于这一物质和精神利益得失的考虑而改邪归正、弃恶从善。因此，礼的法制化有助于社会成员自律意识的形成、道德义务的笃行和道德习惯的养成。[②]

2. 礼是法的前置，是社会“软法”

依法治国已成为中国共产党领导人民治理国家的基本方略。党的十八届四中全会明确提出了全面推进依法治国的总目标，要建设中国特色社会主义法制体系，建设社会主义法治国家。但我们也应该看到，法律不是万能的，仅靠法治这一手段是不够的，法律的有效实施有赖于道德的支持，道德可以在法律难以规范的领域中发挥作用，维护社会秩序的稳定需要将依法治国与以德治国相结合。礼是以德治国的重要手段，是社会关系的重要调节器。现实社会中存在很多不违法但违背道德规范的行为，比如不扶摔倒的老人，从

---

① 任世丹：《制度教化与德性培养：高校思想政治教育之“双驾马车”》，《湖北社会科学》2014 年第 4 期。

② 徐朝旭：《论先秦礼的德育功能》，《教育研究》2007 年第 4 期。

法律上来讲，这是没有问题的，只要不违背法律，每个人都有选择自己行为方式的自由，但从道德方面来说，这是违背社会公德的。这一类问题就需要通过礼仪规范进行调节。即使在判决一些违法但有重大社会影响的案件时，也需要考虑社会公共的情感因素。比如，老人在电梯内抽烟被劝阻后心脏病发作猝死案件，老人家属向劝阻者索赔 40 万，但法院一审判决劝阻者赔偿 1.5 万。[①] 消息一出就引起了人们的广泛关注，引发了人们对法律与道德的讨论。有人认为老人的抽烟行为违反了禁烟法规，老人的死亡是自己的特殊体质引起的，不应归咎于劝阻者；有人认为争执是心脏病的诱因，劝阻者处置失当，应负一定的责任。判决这类案件时，不能仅靠法律条文，必须考虑社会大众的心理接受程度，不能赢了道理，输了人心。

（二）用法纪提升大学生的礼仪素养

1. 制定大学生礼仪行为标准，明确礼制要求

礼制教育是大学生礼仪教育的重要内容。对大学生而言，大到国家的法律法规，小到学校的规章制度，都是大学生要遵循的礼制。这些礼制既包括法律法规层面的硬约束，也包括道德规范层面的软约束，是法治与德治的有机融合。规范化是礼仪的重要特点。加强大学生礼仪教育，就应该规范其礼仪行为。《高等学校学生行为准则》《普通高等学校学生管理规定》《高等学校校园秩序管理若干规定》等对大学生的礼仪行为都有所规定，都是大学生应当学习并遵守的规章制度，是大学生礼制的重要内容。比如，《高等学校学生行为准则》就规定大学生应“诚实守信，严于律己。……明礼修身，团结友爱。弘扬传统美德，遵守社会公德，男女交往文明；关心集体，爱护公物，热心公益；尊敬师长，友爱同学，团结合作；仪表整洁，待人礼貌；豁达宽容，积极向上”，这就是对大学生礼仪行为的具体要求。普及大学生礼仪教育，应将规范

---

① 苏建军：《社会公德与法律原则如何“兼得”?》，《中国妇女报》2017 年 11 月 30 日。

化放在首位，建议有关部门在合适的时机制定出台专门的《大学生礼仪规范》，并在全国推广施行，让大学生礼仪教育有据可依、有章可循。①《大学生礼仪规范》的制定要与大学生的行为、心理特点相结合，与日常学习、生活场景相结合，与思想教育、价值引导相结合，从交往礼仪、着装礼仪、谈话礼仪、课堂礼仪、宿舍礼仪、食堂礼仪、图书馆礼仪、网络礼仪等多个方面进行规范。

2. 严格执行规章制度，强化大学生的礼仪意识

严格执法是全面依法治国的基本要求。对大学生而言，高校的相关规章制度是需要严格执行的。当前大学生管理存在对相关制度执行偏弱偏软的情况。如《普通高等学校学生管理规定》（教育部令第 41 号）规定“对学生的奖励、处理、处分及解除处分材料，学校应当真实完整地归入学校文书档案和本人档案”，但部分高校管理者在处理一些大学生的违规违纪行为时，考虑到如果给予其相应的处分，就要计入其个人档案，对学生的影响较大，故未能严格执行相关规定，这在一定程度上纵容了大学生的违纪行为。对不符合规范的行为给予一定的惩罚也是教育的一种方式。从年龄上来说，大学生大都是成年人，应该学会对自己的行为负责。对一些小事同样应通过制度进行约束，占座、插队、在公共场所吸烟等不合礼的行为看似是小事，如果不能及时纠正，就会对一个人的成长产生不利影响。但从传统的标准来看，这些都属于道德范畴，很难强制要求。《合肥市城市轨道交通管理办法》就规定在地铁里若出现躺卧、多占座位、饮食、吸烟等行为，将面临罚款处罚，这对规范人们的公共行为起到了良好的作用。

3. 加强校园法纪文化建设，营造遵章守纪的良好氛围

良好的校园礼仪环境是营造守礼氛围、提高行礼意识的有效方式，民主、平等的法治环境不仅有利于培养大学生的法律意识，还有利于提高大学

---

① 魏芳、郭林昕：《加强和改进大学生法制教育刍议》，《学校党建与思想教育》2014 年第 16 期。

生的礼仪素养。学校的规章制度与礼仪规范相互交叉、相互影响，为教育和管理学生提供了制度保障。严格按制度行事，既是法治教育的要求，也是礼仪教育的要求。加强校园法纪文化建设，就要充分发挥校园媒体的力量，通过校园广播、宣传栏、网站、微信公众号等多种渠道宣传法纪、礼仪内容，同时要注意宣传内容、宣传形式的创新，让法纪教育、礼仪教育入耳、入脑、入心。

加强校园法纪文化建设，要做到五个结合。一是属人与属地相结合。属人即将当代大学生应有的思想政治表现、法律和社会公德行为等列为学校学生的基本行为规范，属地即将学生基本行为规范的地域范围主要限定在校园内。二是面与点相结合。按照于法周全、遇事简单的原则，除基本行为规范外，可将校园行为以面和点结合的方式，分成需要从面上进行普遍规范的“学习场所和其他公共场所行为”和需要从点上进行重点规范的“课堂、宿舍和网络行为”，面上着重解决秩序，点上突出当下学生管理的重点。三是规范与自治相结合。大学生法纪文化建设既要明确规范，又要鼓励学生进行自我管理、自我服务、自我教育、自我监督，引导学生进行自治。四是引导与禁止相结合。要做到上立目标，下画红线，以正面引导为主，应讲必讲，以负面反对为辅，当禁才禁。五是行为规范与思想引领相结合。对大学生进行法纪教育，重点是思想引导，而不只是行为规范，要注重思想对行为的指导作用，激发学生自觉遵礼守法的内生动力。

先秦儒家礼育思想的发展历程已经告诉我们，大学生礼仪教育仅靠学校的力量是远远不够的，需要坚持整体思维，发挥各教育渠道的不同功能和独特作用，相互配合、相互支持，多维共建，构建起个人、学校、家庭、政府、社会相结合的育人体系，形成全方位的礼仪教育实施体系和教育闭环。只有这样，才能真正发挥大学生礼仪教育的作用，为培养德智体美劳全面发展的中国特色社会主义事业建设者和接班人贡献力量。

结　语

礼在中国传统社会中发挥了不可替代的重要作用，是中华传统文化的重要内容。但随着鸦片战争以来西方文化的不断传播，礼成为包括新文化运动等在内的一系列运动的批判对象，以致时至今日，很多人对中国传统的礼的认识还停留在“礼教吃人”的层面。改革开放以来，随着中国经济的快速发展，人们的物质生活水平不断提高，越来越多的中国人开始走出国门看世界。然而，部分人在富起来之后并未向世界展示好礼仪之邦的应有形象，反而因各种不文明行为备受批评。在思想意识层面，诸如“老人摔倒了该不该扶”“老师到底如何管学生”之类本不是问题的问题成了问题。这就不得不让我们反思，中国人的礼去哪儿了？礼在提升人的文明素养、构建和谐社会中能够发挥什么样的作用？如何才能让人成为彬彬有礼的谦谦君子？

礼仪教育无疑是回答这些问题的最佳答案和解决这些问题的必然选择。在大学生中开展礼仪教育既是传承中华优秀传统文化、坚定文化自信的有效途径，又是提升公民道德品质和文明素养、培养中国特色社会主义事业合格建设者和可靠接班人的现实需要。传承和弘扬中华优秀传统文化就必须对中华传统礼文化进行深入研究，正如楼宇烈所讲，“礼教是中国文化的一个根子，把礼教否定掉了，就等于把整个中国文化的基础推翻了，拆掉了”①。庆幸的是，越来越多的高校师生认识到了传统礼仪文化的作用，在回答“如何看待传统礼仪在中国古代

① 《楼宇烈：文化自信需要几代人来“立”》，《中华读书报》2021年3月31日。

社会中的作用”这一问题时，57.54%的高校教师和56.51%的大学生选择了“对提升公民素质起到了重要推动作用”这一选项，29.49%的高校教师和25.76%的大学生选择了“树立了中国礼仪之邦的光辉形象”这一选项。

先秦儒家礼育思想是中华传统文化的重要内容，为当代大学生礼仪教育提供了宝贵的教育资源和历史借鉴。通过仔细梳理就会发现，先秦儒家提倡的礼和秦汉以后提倡的礼是存在很大差别的。与后世相比，先秦儒家更强调礼的礼义精神，更突出礼的育人作用，但自秦汉以降，传统社会的统治者更多的是把礼当作一种统治手段，更加注重礼制，而非礼义，他们重视礼的主要目的是将百姓的言行限定在他们划定的范围内，这就在一定程度上造成了礼的异化，使本该在人的全面发展中发挥重要作用的礼异化为限制自由、束缚思想的礼。因此，我们加强当代大学生礼仪教育，传承和弘扬中华优秀传统礼文化，有必要追溯至先秦儒家礼育思想，吸收其精华。

提升大学生的道德素养是开展礼仪教育的重要目的。礼与德的关系是长期以来人们关注的一个重要问题。笔者认为礼仪本身不是道德，只是促进道德的手段。人们之所以批判传统礼文化，认为传统的礼造就了一批“满嘴仁义道德”的伪君子，就是因为他们将礼与德等同，认为有礼的人就应该是有德的人，而没有认识到礼与德的区别。道德品质的培养是一个系统工程，而礼仪自身难以承担起道德建设的重任，但礼仪是道德的重要体现，是提升人们道德素养的重要途径，讲礼仪的人未必讲道德，但是讲道德的人一定讲礼仪（尤其是内在的礼义精神）。礼仪就是一种社会约束，有这个约束，人们不道德的行为会有所收敛，没有这个约束，人们不道德的行为会更加放肆，也许这就是中国传统社会高度重视礼仪的原因。强调传承中华优秀传统礼文化在大学生礼仪教育中的重要作用，并不意味着可以忽视其时代性和局限性。当代大学生礼仪教育需要与时俱进、放眼世界，以开放包容的心态培养具有国际视野的新型人才。笔者在书中对大学生礼仪教育的研究并未涉及国际比较，对礼、礼育、仪式、大学生礼仪教育、大学校园仪式等概念的界定、论述等未必全面、合适，仅为一隅之见，期待更多的研究者不断丰富、完善相关理论成果。

参考文献

一、古籍类

戴震著，何文光整理：《孟子字义疏证》，中华书局 1982 年版。

黎翔凤撰，梁运华整理：《管子校注》，中华书局 2004 年版。

阮元校刻：《十三经注疏》，中华书局 1980 年版。

王国维：《观堂集林》，中华书局 1959 年版。

王国维：《观堂集林》，河北教育出版社 2001 年版。

王先谦撰，沈啸寰、王星贤点校：《荀子集解》，中华书局 1988 年版。

王先慎撰，钟哲点校：《韩非子集解》，中华书局 1998 年版。

杨伯峻译注：《论语译注》，中华书局 1980 年版。

杨伯峻译注：《孟子译注》，中华书局 1960 年版。

朱熹：《四书章句集注》，中华书局 1983 年版。

二、今著（国内）

蔡尚思：《中国礼教思想史》，上海古籍出版社 2006 年版。

陈戍国：《先秦礼制研究》，湖南教育出版社 1991 年版。

陈万柏、张耀灿主编：《思想政治教育学原理》（第二版），高等教育出版社 2007 年版。

陈元晖编著：《中国教育学史遗稿》，北京师范大学出版社 2001 年版。

葛兆光：《中国思想史》（第一卷），复旦大学出版社 2013 年版。

顾希佳：《礼仪与中国文化》，人民出版社 2001 年版。

郭沫若：《郭沫若全集》历史编第二卷《十批判书》，人民出版社 1982 年版。

郭沫若：《郭沫若全集》历史编第一卷《青铜时代》，人民出版社 1982 年版。

姜伯勤：《敦煌艺术宗教与礼乐文明》，中国社会科学出版社 1996 年版。

赖换初：《儒家礼育思想研究》，中南大学出版社 2004 年版。

李桂民：《荀子思想与战国时期的礼学思潮》，中国社会科学出版社 2012 年版。

李泽厚：《由巫到礼　释礼归仁》，生活 · 读书 · 新知三联书店 2015 年版。

李泽厚：《中国古代思想史论》，天津社会科学院出版社 2003 年版。

梁家荣：《仁礼之辨：孔子之道的再释与重估》，北京大学出版社 2010 年版。

刘惠恕：《论“礼”的精神》，上海人民出版社 2011 年版。

柳肃：《礼的精神——礼乐文化与中国政治》，吉林教育出版社 1990 年版。

陆建华：《先秦诸子礼学研究》，人民出版社 2008 年版。

陆建华：《荀子礼学研究》，安徽大学出版社 2004 年版。

马小红：《礼与法：法的历史连接》，北京大学出版社 2004 年版。

梅汝莉等主编：《中国教育通史 1　先秦卷》（上），北京师范大学出版社 2013 年版。

彭林：《儒家礼乐文明讲演录》，广西师范大学出版社 2008 年版。

彭林：《中国古代礼仪文明》，中华书局 2013 年版。

彭林等主编：《礼乐 01：大学之道》，金城出版社 2013 年版。

彭兆荣：《人类学仪式的理论与实践》，民族出版社 2007 年版。

唐君毅：《中国文化之精神价值》，广西师范大学出版社 2005 年版。

王道俊、郭文安主编：《教育学》，人民教育出版社 2009 年版。

王德仲、张晓安主编：《现代礼仪》，中国物资出版社 2005 年版。

王军：《荀子思想研究：礼乐重构的视角》，中国社会科学出版社 2010 年版。

王启发：《礼学思想体系探源》，中州古籍出版社 2005 年版。

韦政通：《中国思想史》（上），吉林出版集团有限责任公司 2009 年版。

吴树勤：《礼学视野中的荀子人学——以“知通统类”为核心》，齐鲁书社 2007 年版。

闫伊默：《仪式传播与认同研究》，知识产权出版社 2014 年版。

张德胜：《儒家伦理与社会秩序：社会学的诠释》，上海人民出版社 2008 年版。

张国刚：《从中西初识到礼仪之争——明清传教士与中西文化交流》，人民出版社 2003 年版。

张焕君：《制礼作乐：先秦儒家礼学的形成与特征》，中国社会科学出版社 2010 年版。

张瑞璠主编：《中国教育史研究 · 先秦分卷》，华东师范大学出版社 2009 年版。

张锡勤：《中国近代思想文化史稿》（下卷），黑龙江教育出版社 2004 年版。

张自慧：《礼文化的价值与反思》，学林出版社 2008 年版。

张自慧：《礼文化与致和之道》，上海人民出版社 2012 年版。

赵景卓编著：《现代礼仪》（第三版），中国物资出版社 2006 年版。

周理弘编著：《现代礼仪必备全书》，中国致公出版社 2007 年版。

三、译著类

阿诺尔德 · 范热内普著，张举文译：《过渡礼仪》，商务印书馆 2010

年版。

爱弥儿·涂尔干著，渠东、汲喆译：《宗教生活的基本形式》，上海人民出版社 2006 年版。

本杰明·史华兹著，程钢译，刘东校：《古代中国的思想世界》，江苏人民出版社 2004 年版。

邓尔麟著，蓝桦译：《钱穆与七房桥世界》，社会科学文献出版社 1995 年版。

弗·培根著，水天同译：《培根论说文集》，商务印书馆 1983 年版。

郝大维、安乐哲著，蒋弋为、李志林译：《孔子哲学思微》，江苏人民出版社 1996 年版。

赫伯特·芬格莱特著，彭国翔、张华译：《孔子：即凡而圣》，江苏人民出版社 2002 年版。

葛瑞汉著，张海晏译：《论道者：中国古代哲学论辩》，中国社会科学出版社 2003 年版。

克利福德·格尔兹著，纳日碧力戈等译，王铭铭校：《文化的解释》，上海人民出版社 1999 年版。

洛蕾利斯·辛格霍夫（Lorelies Singerhoff）著，刘永强译：《我们为什么需要仪式：心灵的意义、力量与支撑》，中国人民大学出版社 2009 年版。

马克斯·韦伯著，洪天富译：《儒教与道教》，江苏人民出版社 1995 年版。

孟德斯鸠著，许明龙译：《论法的精神》，商务印书馆 2009 年版。

维克多·特纳著，黄剑波、柳博赟译：《仪式过程：结构与反结构》，中国人民大学出版社 2006 年版。

维克多·特纳著，赵玉燕等译：《象征之林》，商务印书馆 2012 年版。

约翰·洛克著，徐诚、杨汉麟译：《教育漫话》，河北人民出版社 1998 年版。

中共中央马克思恩格斯列宁斯大林著作编译局编：《列宁选集》（第一

卷)，人民出版社 1995 年版。

中共中央马克思恩格斯列宁斯大林著作编译局编译：《马克思恩格斯选集》(第一卷)，人民出版社 2012 年版。

中共中央马克思恩格斯列宁斯大林著作编译局编译：《马克思恩格斯选集》(第二卷)，人民出版社 2012 年版。

四、报纸、期刊、论文

安乐哲著，梁涛、高如辰译：《以礼仪为权利——儒家的选择》，《江汉论坛》2013 年第 6 期。

白雪：《论孔子礼教的人文思想》，《哈尔滨学院学报》2005 年第 8 期。

蔡尚思：《孔子的礼学体系——纪念孔子诞辰二千五百四十周年》，《孔子研究》1989 年第 3 期。

蔡尚思：《中国礼教思想之我见》，《学术界》2008 年第 4 期。

曹威：《芬格莱特日常语言分析哲学立场中的孔子礼学研究》，《学习与探索》2010 年第 4 期。

陈安萍：《论社交礼仪在人际交往中的功用》，《安徽工业大学学报（社会科学版）》2003 年第 2 期。

陈朝宗：《从儒家礼教的功用到当前德育工作的几点思考》，《中共福建省委党校学报》1999 年第 4 期。

陈朝宗：《儒家礼教为什么能够深入人心——兼论社会主义礼教的重建》，《福建政法管理干部学院学报》2008 年第 1 期。

陈独秀：《敬告青年》，《青年杂志》1915 年第 1 卷第 1 号。

陈独秀：《宪法与孔教》，《新青年》1916 年第 2 卷第 3 号。

陈倩、王丹、张淑欣：《中国古代礼治的发展》，《法制与社会》2016 年第 22 期。

陈续前：《礼：从周公到孔子》，《孔子研究》2009 年第 4 期。

戴庞海：《略论西周时期的礼仪教育》，《郑州大学学报（哲学社会科学版）》2006年第3期。

戴兆国：《儒家礼文化思想与大学生素质养成》，《高校辅导员学刊》2015年第1期。

丁鼎：《“礼”与中国传统文化范式》，《齐鲁学刊》2007年第4期。

董红亚：《礼、礼仪及对生活德育实践的启示》，《浙江教育学院学报》2007年第4期。

董红亚：《礼文化在生活德育中的借鉴意义刍论》，《理论月刊》2009年第11期。

方朝晖：《法治中国同样需要礼教文明重建——从中西方制度文明的比较展开》，《人民论坛·学术前沿》2014年第21期。

高一品：《等级中构建秩序——儒家礼教思想发展演变研究》，《学理论》2014年第5期。

高媛媛、郭淑新：《社会学视角下的大学礼仪教育新探》，《江淮论坛》2015年第2期。

桂署钦：《大学生传统礼仪教育探究》，《学校党建与思想教育》2010年第19期。

郭淑新、陈健：《荀子隆礼重法思想的逻辑起点与价值目标》，《法学杂志》2016年第2期。

韩星、何大海：《荀子礼教思想与社会教化》，《东岳论丛》2017年第3期。

韩星：《礼教的社会功用与现代复兴》，《北京行政学院学报》2015年第6期。

韩云忠、王丕琢：《礼乐文化精神与社会主义核心价值观》，《理论月刊》2013年第8期。

何继龄：《礼仪视域中的古代个体品德培育机制》，《伦理学研究》2012年第4期。

何茜：《文化育人的载体：校园仪式建设》，《思想理论教育》2012年第

17 期。

侯伟、贾龙、秦拓:《文明礼仪教育是大学生思想政治教育的起点》,《山东教育学院学报》2009 年第 4 期。

胡戟:《周公制礼》,《陕西师范大学学报(哲学社会科学版)》1997 年第 3 期。

黄美琼:《新时期大学生礼仪素质现状调查及对策——以集美大学为例》,《集美大学学报》2013 年第 4 期。

江净帆:《论传统礼教的工具性与虚伪性——兼论当前礼仪教育的价值取向》,《道德与文明》2011 年第 2 期。

姜栋:《从“礼”字管窥中国传统法文化中的“礼”的起源》,《河北法学》2011 年第 2 期。

竭红云:《大学生礼仪教育新路径》,《河北大学学报(哲学社会科学版)》2015 年第 6 期。

金妍妍:《论先秦之“礼”的嬗变及现代意蕴》,《武陵学刊》2015 年第 5 期。

赖换初:《孔子“礼育”思想引论》,《云梦学刊》2002 年第 6 期。

赖换初:《儒家“礼育”的主要内容及现代意义》,《云梦学刊》2003 年第 6 期。

赖换初:《儒家礼育思想及其现代价值》,《求索》2004 年第 2 期。

李宏伟:《仪式教育要彰显仪式特性》,《教育科学研究》2017 年第 1 期。

李叔华:《试论孔子对传统礼乐文化的贡献》,《孔子研究》1994 年第 4 期。

李宜蓬:《从礼器到礼教:礼乐文化推衍的内在逻辑》,《孔子研究》2014 年第 4 期。

李育红、杨永燕:《文化独特的外现形式——仪式》,《广西社会科学》2008 年第 5 期。

林春：《高校思想政治教育课引入礼仪文化教育探析》，《内蒙古师范大学学报（教育科学版）》2012 年第 11 期。

林莉：《当代大学生礼仪教育的困境与对策研究》，《西南民族大学学报（人文社会科学版）》2014 年第 8 期。

刘丰：《宋代礼学的新发展——以二程的礼学思想为中心》，《中国哲学史》2013 年第 4 期。

刘绪晶、曾振宇：《论先秦礼乐教化之“和”思想对现代社会人文教育的启谕》，《山东社会科学》2016 年第 1 期。

刘雪巍、付寅琦：《大学生礼仪素养的养成途径》，《教育评论》2010 年第 3 期。

罗晓林：《大学生礼仪素质状况的调查与思考》，《长沙铁道学院学报（社会科学版）》2010 年第 4 期。

马婷婷、林美卿：《传统礼仪文化融入高校思想政治教育途径和方法研究》，《教育探索》2015 年第 9 期。

马永庆：《孟子的权变伦理思想评析》，《哲学研究》2005 年第 5 期。

孟庆波、刘彩艳：《基督教与中华文化“礼仪之争”研究综述》，《河北理工大学学报（社会科学版）》2010 年第 6 期。

宁西林、史杰：《礼育：儒家核心价值的一种体现》，《兰台世界》2012 年第 15 期。

彭林：《礼，中国文化的“核心元素”》，《新华日报》2012 年 1 月 18 日。

邱叶：《高校校园文化中的仪式教育研究》，《教育探索》2014 年第 1 期。

山东省威海市教育局：《落实落小融入常态　引导学生主动认同》，《中国教育报》2015 年 10 月 12 日。

邵方：《礼的本质及其法律意义分析》，《甘肃政法学院学报》2007 年第 4 期。

沈河清：《学校德育应重视礼仪教育》，《中国教育学刊》2008 年第 6 期。

司马云杰：《礼教文明与经济创新》，《文化学刊》2016 年第 8 期。

司马云杰：《礼教与宗教》，《文化学刊》2012 年第 5 期。

孙祥生：《论礼的起源及其转型——一种法文化学的视角》，《社会科学辑刊》2005 年第 6 期。

唐国军：《“修身”与“教化”：儒家思想政治教育体系论——儒家传统思想政治教育理论模式研究之一》，《广西社会科学》2007 年第 11 期。

唐凯麟：《文化自信三题》，《光明日报》2017 年 4 月 24 日。

田君：《论礼学脉络与礼学史分期》，《孔子研究》2016 年第 3 期。

王洁敏、尹茂盛：《试析仪式在高校思想政治教育中的作用》，《思想教育研究》2008 年第 6 期。

王晶、王凌皓：《“礼治秩序”建构视阈下的先秦儒家礼教思想价值》，《安徽师范大学学报（人文社会科学版）》2015 年第 3 期。

王坤伦：《先秦儒家礼学思想与社会秩序的构建》，《黑河学刊》2010 年第 11 期。

王凌皓、王晶：《先秦儒家礼教思想的历史定位及现代镜鉴》，《社会科学战线》2015 年第 4 期。

王荣：《论仪式教育在高校思想政治教育中的运用》，《学校党建与思想教育》2014 年第 18 期。

王铁：《论“灌输”教育与灌输式教育的本质区别》，《复旦教育论坛》2003 年第 5 期。

吴树勤、刘晓东：《传统儒家礼仪教育与民众生活价值的自我实现》，《山东社会科学》2014 年第 11 期。

夏当英、陆建华：《孟子之礼学》，《社会科学战线》2006 年第 2 期。

徐朝旭：《论先秦礼的德育功能》，《教育研究》2007 年第 4 期。

杨新宾、黄朴民：《孟子礼论的内在理路》，《理论学刊》2013 年第 3 期。

杨兴国：《自我教育的反思与求索》，《教育探索》2013 年第 1 期。

杨志刚：《“礼下庶人”的历史考察》，《社会科学战线》1994 年第 6 期。

袁林鹏：《礼仪教育：高校思想政治工作的切入点》，《当代青年研究》2009 年第 1 期。

袁征：《礼仪是不是道德——礼仪教育最重要的基础理论问题》，《教育发展研究》2012 年第 12 期。

曾宪义、马小红：《中国传统法的结构与基本概念辨正——兼论古代礼与法的关系》，《中国社会科学》2003 年第 5 期。

张弘、马婷婷：《中国古代礼的起源问题新探》，《济南大学学报（社会科学版）》2011 年第 1 期。

张厚军：《发掘传统礼育思想的内涵，提高高校德育的成效》，《教育探索》2009 年第 12 期。

张慧：《试论先秦儒家的礼乐观》，《山东社会科学》2002 年第 6 期。

张家军、陈玲：《学校仪式教育的价值迷失与回归》，《中国教育学刊》2016 年第 2 期。

张晋藩：《论礼》，《社会科学战线》1998 年第 3 期。

张晋藩：《论礼——中国法文化的核心》，《政法论坛（中国政法大学学报）》1995 年第 3 期。

张静互：《儒家礼教论——论“仁”、“人性”、“文”和“礼”的关系》，《湖南大学学报（社会科学版）》2003 年第 2 期。

张宁、钟福维、肖裕健：《大学生礼仪素养现状与培养模式的调查研究》，《河北青年管理干部学院学报》2015 年第 5 期。

张树业：《礼乐政教的心性论奠基——孟子礼乐论及其思想史效应》，《中国哲学史》2012 年第 3 期。

张永祥、张发勤：《论先秦时期礼乐与德的关系》，《文艺评论》2011 年第 2 期。

张自慧、张静：《从礼文化的视角论“乐”之魂》，《郑州大学学报（哲学社会科学版)》2006 年第 3 期。

张自慧:《先秦“礼教”再认识》,《山西师大学报(社会科学版)》2006 年第 1 期。

赵骏河:《孟子基本思想与礼》,《齐鲁学刊》1994 年第 4 期。

赵世超:《中国古代引礼入法的得与失》,《陕西师范大学学报(哲学社会科学版)》2011 年第 1 期。

郑臣:《从“化性起伪”到“隆礼重法”——荀子内圣外王思想初探》,《湖北社会科学》2016 年第 2 期。

祖国华:《“礼乐教化”对高校思想政治教育的当代价值阐析》,《社会科学战线》2009 年第 10 期。